일빵빵 + 가장 많이 쓰는 회화패턴

일빵빵
가장 많이 쓰는 회화패턴
© 2024 by 토마토출판사

| 초판 제1쇄 | 2018년 1월 20일 |
| 초판 제16쇄 | 2024년 4월 1일 |

저자	서장혁
기획	일빵빵어학연구소
펴낸곳	토마토출판사
주소	서울 마포구 양화로 161 727호
TEL	1544-5383
홈페이지	www.tomato4u.com
E-mail	support@tomato4u.com
등록	2012.1.11.

일빵빵
가장많이쓰는
회화패턴

토마토
출판사

본 교재의 원어민 음성강의는
일빵빵 공식 유튜브 채널을 통해
무료로 들을 수 있습니다.

유튜브 검색창에 "일빵빵"을 검색해 보세요.

들어가며

우리가 영어를 배울 때

'Hi', 'Hello'와 같은 인사말부터 배우는 이유는 무엇일까요? Hi, Hello가 일상생활에서 가장 많이 쓰이는 말이기 때문입니다. 많이 쓰이는 말일수록 활용도가 높고, 이런 말들을 알고 있어야 일상에서 대화에 참여하는 빈도도 늘어나는 것이지요. 즉, 영어 실력을 효율적으로 늘릴 수 있는 방법은 사용 빈도가 높은 패턴부터 공부하는 것입니다.

〈일빵빵 가장 많이 쓰는 회화패턴〉은

바로 이 점에 착안하여 가장 많이 쓰이는 패턴을 찾기로 했습니다. 여기에 수록된 패턴들은 모두 일빵빵이 직접 미국 본토로 날아가 현지 대학생들의 설문을 토대로 모은 가장 많이 쓰는 패턴들입니다. 그중 회화에서 가장 핵심적인 패턴 253개를 추렸습니다. 이렇게 뽑은 253개의 패턴은 모두 전문가의 감수를 거쳐 정확도를 높이고, 빠르게 변화하는 언어의 특성을 고려하여 죽은 영어가 아닌 바로 지금 미국에서 쓰이는 생생한 영어를 반영하고자 했습니다.

이 책에 실린 총 253개의 패턴, 2,530개의 생생한 문장들이 여러분의 영어에 날개를 달아 주리라 믿습니다.

일빵빵
가장 많이 쓰는
회화패턴 ················ CONTENTS

2012년 6월 여름은 유난히 무더웠습니다.

너무나 멀어 보이는 길

아무도 가지 않은 길을 내딛었기에,

그래도 5년간 행복했고 뿌듯했습니다.

서로 보지는 못하고 잘 알지도 못했지만

끈끈히 유대된 팟캐스트 청취자들과

일빵빵의 역사를 함께 해 주신 독자분들을 위해

이 '가장 많이 쓰는' 시리즈를 바칩니다.

2017년 겨울 서장혁

가장 많이 쓰는
동사
회화 패턴

WANT 동사

1   I want + 명사 : ~하고 싶어.

회화패턴문장

1	**I want** some coffee.	커피 마시고 싶어.
2	**I want** some sleep.	좀 자고 싶어.
3	**I want** a shrimp burger.	새우 버거 먹고 싶어.
4	**I want** a pet.	애완동물 갖고 싶어.
5	**I want** a piece of cake and juice.	케이크 한 조각과 주스 마시고 싶어.
6	**I want** breakfast in bed.	아침을 침대에서 먹고 싶어.
7	**I want** shoes for my birthday.	생일 선물로 신발 받고 싶어.
8	**I want** cereal for snack.	간식으로 시리얼 먹고 싶어.
9	**I want** a little talk with you.	너랑 잠깐 얘기 좀 하고 싶어.
10	**I want** a bigger discount.	좀 더 할인받고 싶어.

TIP
▶ **I want + 명사** : '나는 ~를 원해'라고 해석되지만 뒤에 오는 명사에 따라 다른 동사의 의미로 해석할 수 있다.
▶ **I want some coffee** : 나는 커피를 마시고 싶어.
▶ **I want breakfast** : 나는 아침을 먹고 싶어.

2

I want + 명사 + 형용사 : (명사)가 (형용사)하길 원해.

I want + 명사 + 완료형 : (명사)가 (완료형)하길 원해.

회화패턴문장

1 I want his pants short. | 그의 바지가 짧길 원해.

2 I want my food spicy. | 음식이 맵길 원해.

3 I want my desk clean. | 책상이 깨끗하길 원해.

4 I want her hair short. | 그녀의 머리가 짧길 원해.

5 I want my steak rare. | 내 스테이크가 덜 익게 되길 원해.

6 I want my hair permed. | 파마머리를 원해.

7 I want my car repaired. | 차 수리를 원해.

8 I want my hair cut. | 머리 깎기를 원해.

9 I want my computer fixed. | 컴퓨터 고쳐지기를 원해.

10 I want this curtain pressed. | 커튼이 다려지길 원해.

TIP ▶ 동사 완료형은 형용사 의미로 해석되기도 한다.
- **perm - permed - permed** (완료형 : 파마된)
- **cut - cut - cut** (완료형 : 잘린, 깎인)
- **press - pressed - pressed** (완료형 : 다려진)
- **repair - repaired - repaired** (완료형 : 수리된)
- **fix - fixed - fixed** (완료형 : 고쳐진)

3   I want to   + 동사 : ~하고 싶어.
wanna

회화패턴문장

1	**I want to** drink juice.	주스 마시고 싶어.
2	**I want to** make money.	돈을 벌고 싶어.
3	**I want to** have lunch.	점심 먹고 싶어.
4	**I want to** work in this office.	이 사무실에서 일하고 싶어.
5	**I want to** stay home today.	오늘 집에 있고 싶어.
6	**I want to** lay down.	눕고 싶어.
7	**I want to** live happily.	행복하게 살고 싶어.
8	**I want to** eat pizza for lunch.	점심으로 피자 먹고 싶어.
9	**I want to** buy a new laptop.	새 노트북을 사고 싶어.
10	**I want to** cook dinner today.	오늘 저녁 요리하고 싶어.

> **TIP**
> ▶ **I want to** + 동사 : 나는 ~하고 싶어. (공식적인 표현)
> ▶ **I wanna** + 동사 (실제 회화에서는 이렇게 사용하기도 한다.)
> – **lay** : 눕다
> – **laptop** : 노트북

4 **I don't want to** + 동사 : ~하고 싶지 않아.
wanna

회화패턴문장

1 | **I don't want to** drink water. | 물 마시고 싶지 않아.

2 | **I don't want to** make money. | 돈 벌고 싶지 않아.

3 | **I don't want to** take the test. | 시험 치고 싶지 않아.

4 | **I don't want to** sleep early. | 일찍 잠들고 싶지 않아.

5 | **I don't want to** turn on the music. | 음악 틀고 싶지 않아.

6 | **I don't want to** ride a bike. | 자전거 타고 싶지 않아.

7 | **I don't want to** wait another hour. | 한 시간 더 기다리고 싶지 않아.

8 | **I don't want to** go outside today. | 오늘 밖에 나가고 싶지 않아.

9 | **I don't want to** talk to you right now. | 너랑 지금 말하고 싶지 않아.

10 | **I don't want to** spend all my money buying this.
이거 사려고 돈 다 쓰고 싶지 않아.

15

5 I want you to + 동사

: 네가 ~했으면 해.

회화패턴문장

1 I want you to call her.
네가 그녀에게 전화했으면 해.

2 I want you to read this book.
네가 이 책을 읽었으면 해.

3 I want you to wait for him.
네가 그를 기다렸으면 해.

4 I want you to go with me.
네가 나와 함께 갔으면 해.

5 I want you to listen to me.
네가 내 얘기 좀 들었으면 해.

6 I want you to say something.
네가 뭐라도 말했으면 해.

7 I want you to drive my car.
네가 내 차 운전했으면 해.

8 I want you to clean your room.
네가 방 좀 치웠으면 해.

9 I want you to answer this phone.
네가 이 전화 받았으면 해.

10 I want you to help me move this desk.
네가 이 책상 옮기는 거 도와줬으면 해.

TIP
▶ I want to + 동사 : 나는 ~하고 싶어.
▶ I want you to + 동사 : 나는 네가 ~했으면 해.

6

You want me to + 동사
: 내가 ~하기를 원하는구나.

회화패턴문장

1 You want me to buy it.　　　　내가 그걸 사 주기를 원하는구나.

2 You want me to call her.　　　　내가 그녀에게 전화하기를 원하는구나.

3 You want me to say something.　　　내가 뭐라도 말하기를 원하는구나.

4 You want me to wait for him.　　　내가 그를 기다리기를 원하는구나.

5 You want me to walk you home.　　내가 집까지 바래다주기를 원하는구나.

6 You want me to water the flowers.　　내가 꽃에 물 주기를 원하는구나.

7 You want me to stay at home.　　　내가 집에 있기를 원하는구나.

8 You want me to call you everyday.　　내가 매일 전화하기를 원하는구나.

9 You want me to make a decision.　　내가 결정 내리기를 원하는구나.

10 You want me to quit my job.　　　내가 직장을 그만두기를 원하는구나.

TIP　► I want to + 동사 : 나는 ~하고 싶어.
　　► I want you to + 동사 : 나는 네가 ~했으면 해.
　　► You want me to + 동사 : 너는 내가 ~했으면 해. = 내가 ~하기를 원하는구나.
　　- walk you home : 너를 집에 데려다주다.　　　- water the flowers : 꽃에 물을 주다.
　　- quit my job : 직장을 그만두다.

7

Do you want to + 동사 ?

: ~하고 싶어?

회화패턴문장

1 Do you want to leave? — 나가고 싶어?

2 Do you want to eat breakfast? — 아침 먹고 싶어?

3 Do you want to take this? — 이거 갖고 싶어?

4 Do you want to go somewhere? — 어디로 가고 싶어?

5 Do you want to be a doctor? — 의사가 되고 싶어?

6 Do you want to marry me? — 나랑 결혼하고 싶어?

7 Do you want to buy me a drink? — 나에게 술 한잔 사고 싶어?

8 Do you want to stop smoking? — 담배 끊고 싶어?

9 Do you want to go fishing? — 낚시하러 가고 싶어?

10 Do you want to go get something? — 뭐 먹으러 가고 싶어?

TIP
▶ **You want to ~** : 너는 ~하고 싶다.
▶ **Do + you want to ~** : 너는 ~하고 싶어?
- **go fishing** : 낚시하러 가다.
- **go get something** : 가서 뭐 먹다.

8

What do you want to + 동사

: 뭐 ~하고 싶어?

회화패턴문장

1 **What do you want to know?**   뭐 알고 싶어?

2 **What do you want to eat?**   뭐 먹고 싶어?

3 **What do you want to have?**   뭐 갖고 싶어?

4 **What do you want to order?**   뭐 주문하고 싶어?

5 **What do you want to see?**   뭐 보고 싶어?

6 **What do you want to say?**   뭐 말하고 싶어?

7 **What do you want to use?**   뭐 사용하고 싶어?

8 **What do you want to major in?**   뭐 전공하고 싶어?

9 **What do you want to do after class?**   수업 끝나고 뭐 하고 싶어?

10 **What do you want to buy in the mall?**   쇼핑몰에서 뭐 사고 싶어?

TIP
- ► **You want to ~** : 너는 ~하고 싶다.
- ► **Do + you want to ~** : 너는 ~하고 싶어?
- ► **What + do you want to ~** : 너는 뭐 ~하고 싶어?
- – **major in** : ~를 전공으로 하다.
- – **after class** : 수업 끝나고

19

9

Do you want me to + 동사 ?

: 내가 ~하기를 원해?

회화패턴문장

1 Do you want me to stay with you? | 내가 너와 함께 있기를 원해?

2 Do you want me to pay for you? | 내가 너 대신 계산하기를 원해?

3 Do you want me to see my doctor? | 내가 병원 가기를 원해?

4 Do you want me to leave a memo? | 제가 메모 남겨 드리기를 원하세요?

5 Do you want me to keep in touch? | 내가 계속 연락하기를 원해?

6 Do you want me to find a job? | 내가 직업을 찾기를 원해?

7 Do you want me to drive you to work? | 내가 회사까지 데려다주기를 원해?

8 Do you want me to order dinner? | 내가 저녁 주문하기를 원해?

9 Do you want me to return the books? | 내가 책을 반납해 주기를 원해?

10 Do you want me to move my car? | 내가 내 자동차 빼기를 원해?

TIP
▸ **You want me to ~** : 너는 내가 ~하기를 원한다.
▸ **Do + you want me to ~ ?** : 너는 내가 ~하기를 원해?
‐ **pay for you** : 너 대신 계산하다.　　　　　‐ **see my doctor** : 병원에 가다.
‐ **keep in touch** : 계속 연락하다.　　　　　‐ **drive you to work** : 너를 회사까지 데려다주다.

10 What do you want me to + 동사
: 내가 뭐 ~하기를 원해?

회화패턴문장

1 What do you want me to know? 　　내가 뭐 알기를 원해?

2 What do you want me to say? 　　내가 뭐 말하기를 원해?

3 What do you want me to order? 　　내가 뭐 주문하기를 원해?

4 What do you want me to see? 　　내가 뭐 보기를 원해?

5 What do you want me to eat? 　　내가 뭐 먹기를 원해?

6 What do you want me to have? 　　내가 뭐 가지기를 원해?

7 What do you want me to look for? 　　내가 뭐 찾기를 원해?

8 What do you want me to wear? 　　내가 뭐 입기를 원해?

9 What do you want me to do for you? 　　내가 너를 위해 뭐 하기를 원해?

10 What do you want me to call you? 　　내가 너를 뭐라고 부르기를 원해?

TIP
- ▶ **You want me to ~** : 너는 내가 ~하기를 원한다.
- ▶ **Do + you want me to ~ ?** : 너는 내가 ~하기를 원해?
- ▶ **What + do you want me to ~ ?** : 내가 뭐 ~하기를 원해?
- – **call you** : 너에게 전화하다/부르다

11 **I just wanted to** + 동사

: 단지 ~하려고 했어.

회화패턴문장

1 I just wanted to say hello.	난 단지 안부 인사하려고 했어.
2 I just wanted to drop her off.	난 단지 그녀를 데려다주려고 했어.
3 I just wanted to cancel the schedule.	난 단지 일정을 취소하려고 했어.
4 I just wanted to get out of here.	난 단지 여길 벗어나려고 했어.
5 I just wanted to talk to you.	난 단지 너랑 얘기하려고 했어.
6 I just wanted to see the list.	난 단지 명단을 보려고 했어.
7 I just wanted to give her a ride.	난 단지 그녀를 태워다 주려고 했어.
8 I just wanted to tell the truth.	난 단지 사실을 말하려고 했어.
9 I just wanted to teach him.	난 단지 그를 가르치려고 했어.
10 I just wanted to give you a hand.	난 단지 너를 도우려고 했어.

TIP
▶ **I want to ~** : 나는 ~하고 싶어.
▶ **I wanted to ~** : 나는 ~하고 싶었어. = 나는 ~하려고 했어.
▶ **I just wanted to ~** : 나는 단지 ~하고 싶었어.
- **say hello** : 안부 인사하다.
- **give her a ride** : 그녀를 태워다 주다.
- **drop off** : (차로) 데려다주다.
- **give you a hand** : 너를 돕다.

12 **I just wanted to let you** + 동사

: 단지 너를(에게) ~하게 하고 싶었어.

회화패턴문장

1 I just wanted to let you know.   난 단지 너를 알게 하고 싶었어.

2 I just wanted to let you go.   난 단지 너를 가게 하고 싶었어.

3 I just wanted to let you eat a little bit.   난 단지 너를 조금이라도 먹게 하고 싶었어.

4 I just wanted to let you meet her.   난 단지 너를 그녀와 만나게 하고 싶었어.

5 I just wanted to let you have fun.   난 단지 너를 즐겁게 하고 싶었어.

6 I just wanted to let you relax.   난 단지 너를 쉬게 하고 싶었어.

7 I just wanted to let you play outside.   난 단지 너를 밖에서 놀게 하고 싶었어.

8 I just wanted to let you try this cake.   난 단지 너를 이 케이크 맛보게 하고 싶었어.

9 I just wanted to let you think for a while.   난 단지 너를 잠시 생각하게 하고 싶었어.

10 I just wanted to let you listen to the music.   난 단지 너를 그 음악 들어 보게 하고 싶었어.

TIP
▶ I want to ~ : 나는 ~하고 싶어.   ▶ I wanted to ~ : 나는 ~하고 싶었어. = 나는 ~하려고 했어.
▶ I just wanted to ~ : 나는 단지 ~하고 싶었어.
▶ I just wanted to let you ~ : 나는 단지 너에게 ~하게 하고 싶었어.
▶ let + 사람 + 동사 : 사람에게 ~하게 하다.
– try this cake : 이 케이크를 먹어 보다.   – for a while : 잠시 동안

13 The last thing I want to do is + 동사

: 절대 ~는 하고 싶지 않아.

회화패턴문장

1
The last thing I want to do is break up with you.
절대 너와 헤어지고 싶지 않아.

2
The last thing I want to do is lie.
절대 거짓말은 하고 싶지 않아.

3
The last thing I want to do is get angry.
절대 화내고 싶지 않아.

4
The last thing I want to do is let you down.
절대 너를 실망시키고 싶지 않아.

5
The last thing I want to do is go to school.
절대 학교 가고 싶지 않아.

6
The last thing I want to do is hear from you.
절대 너의 연락을 받고 싶지 않아.

7
The last thing I want to do is call her.
절대 그녀에게 전화하고 싶지 않아.

8
The last thing I want to do is cry.
절대 울고 싶지 않아.

9
The last thing I want to do is hurt you.
절대 너를 다치게 하고 싶지 않아.

10
The last thing I want to do is say goodbye.
절대 작별 인사는 하고 싶지 않아.

1

I am going to + 동사

: 나 ~할 거야.

회화패턴문장

1 I am going to make it. | 나 잘 해낼 거야.

2 I am going to quit school. | 나 학교 그만둘 거야.

3 I am going to get a job. | 나 취직할 거야.

4 I am going to get a refund. | 나 환불할 거야.

5 I am going to fix the computer. | 나 컴퓨터 고칠 거야.

6 I am going to charge my phone. | 나 핸드폰 충전할 거야.

7 I am going to turn off the heater. | 나 히터 끌 거야.

8 I am going to take the subway. | 나 지하철 탈 거야.

9 I am going to lose weight. | 나 살 뺄 거야.

10 I am going to break up with him. | 나 그와 헤어질 거야.

TIP
▶ **I am going to** + 동사 : 나는 ~할 거야. (공식적인 표현)
▶ **I am gonna** + 동사 (실제 회화에서는 이렇게 사용하기도 한다.)
– **get a refund** : 환불하다.
– **fix the computer** : 컴퓨터를 고치다.
– **charge my phone** : 핸드폰을 충전하다.

2

I am not going to + 동사

: ~하지 않을 거야.

회화패턴문장

1 I'm not going to leave you alone.   너 혼자 두지 않을 거야.

2 I'm not going to eat junk food.   군것질하지 않을 거야.

3 I'm not going to drive your car.   네 차 운전하지 않을 거야.

4 I'm not going to give up.   포기하지 않을 거야.

5 I'm not going to do the dishes.   설거지하지 않을 거야.

6 I'm not going to buy a new bag.   새 가방 사지 않을 거야.

7 I'm not going to take the cab.   택시 타지 않을 거야.

8 I'm not going to tell you my secret.   내 비밀 너에게 말해 주지 않을 거야.

9 I'm not going to drink anymore.   앞으로 술 마시지 않을 거야.

10 I'm not going to be late again.   나 다시는 늦지 않을 거야.

TIP
▶ **I am going to** + 동사 : 나는 ~할 거야.
▶ **I am not going to** + 동사 : 나는 ~하지 않을 거야.
– **eat junk food** : 군것질하다.
– **do the dishes** : 설거지하다.

3   **Are you going to** + 동사?

: ~할 거야?

회화패턴문장

1 Are you going to marry him? — 너 그와 결혼할 거야?

2 Are you going to quit smoking? — 너 담배 끊을 거야?

3 Are you going to drop by there? — 거기 들를 거야?

4 Are you going to go to school? — 학교 다닐 거야?

5 Are you going to go out with him? — 그 사람이랑 사귈 거야?

6 Are you going to pick me up today? — 오늘 나 데리러 올 거야?

7 Are you going to pay for lunch? — 점심 계산할 거야?

8 Are you going to take him to school? — 그를 학교에 데리고 갈 거야?

9 Are you going to do the presentation? — 발표할 거야?

10 Are you going to do the laundry? — 빨래할 거야?

TIP
▶ **I am going to** + 동사 : 나는 ~할 거야.
▶ **You are going to** + 동사 : 너는 ~할 거야.
▶ **Are you going to** + 동사? : 너는 ~할 거야?
- **drop by** : 잠깐 들르다.
- **do the presentation** : 발표하다.
- **go out with ~** : ~와 데이트하다, 사귀다.
- **do the laundry** : 빨래하다.

27

4

I am trying to + 동사

: ~하려고 하는 중이야.

회화패턴문장

1 I am trying to sleep.	자려고 하는 중이야.
2 I am trying to forget her.	그녀를 잊으려고 하는 중이야.
3 I am trying to break my bad habit.	나쁜 버릇을 고치려고 하는 중이야.
4 I am trying to work hard.	열심히 하려고 하는 중이야.
5 I am trying to quit smoking.	담배 끊으려고 하는 중이야.
6 I am trying to find my wallet.	지갑 찾으려고 하는 중이야.
7 I am trying to look for a job.	일자리를 구하려고 하는 중이야.
8 I am trying to be patient.	인내심을 가지려고 하는 중이야.
9 I am trying to apply for graduate school.	대학원에 지원하려고 하는 중이야.
10 I am trying to change my hair style.	머리 스타일 바꾸려고 하는 중이야.

TIP
- **break one's bad habit** : 나쁜 버릇을 고치다.
- **be patient** : 참다, 인내심을 가지다.
- **apply for** : ~에 지원하다.

5 I am looking for + 명사

: ~ 찾고 있어.

회화패턴문장

1 I'm looking for something else. 나는 다른 무언가를 찾고 있어.

2 I'm looking for my glasses. 나는 안경을 찾고 있어.

3 I'm looking for a fancy restaurant. 나는 좋은 식당을 찾고 있어.

4 I'm looking for the subway station. 나는 지하철역을 찾고 있어.

5 I'm looking for a gas station. 나는 주유소를 찾고 있어.

6 I'm looking for the ladies' room. 나는 여자 화장실을 찾고 있어.

7 I'm looking for a part time job. 나는 임시 일자리를 찾고 있어.

8 I'm looking for a permanent job. 나는 정규직을 찾고 있어.

9 I'm looking for a place to stay. 나는 머무를 곳을 찾고 있어.

10 I'm looking for a coat like this. 나는 이것과 같은 코트를 찾고 있어.

TIP
- **a fancy restaurant** : 좋은 식당
- **a gas station** : 주유소
- **the ladies's room** : 여자 화장실
- **a permanent job** : 정규직

6

I am calling to + 동사

: ~하려고 전화했어요.

회화패턴문장

1 I am calling to make an appointment.　약속 잡으려고 전화했어요.

2 I am calling to make a reservation.　예약하려고 전화했어요.

3 I am calling to cancel my schedule.　스케줄 취소하려고 전화했어요.

4 I am calling to confirm my flight ticket.　비행기 표 확인하려고 전화했어요.

5 I am calling to say goodbye.　작별 인사 하려고 전화했어요.

6 I am calling to ask you a favor.　부탁하려고 전화했어요.

7 I'm calling to say I'm sorry.　사과하려고 전화했어요.

8 I'm calling to report an accident.　사고 신고하려고 전화했어요.

9 I'm calling to congratulate you on your graduation.
졸업 축하해 주려고 전화했어요.

10 I'm calling to tell you I'm on my way.　가고 있다고 말해 주려고 전화했어요.

7

I am getting + 형용사
: 나 점점 ~해지고 있어.

회화패턴문장

1 I am getting fat.   나 점점 살찌고 있어.

2 I am getting lazy.   나 점점 게을러지고 있어.

3 I am getting better.   나 점점 나아지고 있어.

4 I am getting tired.   나 점점 피곤해지고 있어.

5 I am getting bored.   나 점점 지루해지고 있어.

6 I am getting carsick.   나 점점 차멀미 나고 있어.

7 I am getting lost.   나 점점 혼란스러워지고 있어.

8 I am getting old.   나 점점 나이 들고 있어.

9 I am getting drunk.   나 점점 취하고 있어.

10 I am getting confused.   나 점점 헷갈리고 있어.

TIP ▶ **get** : 상태를 나타내는 동사
- **get fat** : 살찌다.
- **get better** : 나아지다.
- **get carsick** : 차멀미나다.
- **get lost** : 혼란스럽다.

8 I am looking forward to + 명사(형)

: ~를 기대하고 있어.

회화패턴문장

1 I am looking forward to this trip.   이 여행을 기대하고 있어.

2 I am looking forward to his call.   그의 전화를 기대하고 있어.

3 I am looking forward to your visit.   너의 방문을 기대하고 있어.

4 I am looking forward to our next meeting.   다음 우리 미팅을 기대하고 있어.

5 I am looking forward to our date tomorrow.   내일 우리 데이트 기대하고 있어.

6 I am looking forward to meeting you.   널 만나길 기대하고 있어.

7 I am looking forward to seeing the movie.   그 영화 보길 기대하고 있어.

8 I am looking forward to seeing you soon.   너를 곧 만나길 기대하고 있어.

9 I am looking forward to buying a new car.   새 자동차 구입을 기대하고 있어.

10 I am looking forward to having dinner.   저녁 식사를 기대하고 있어.

TIP ► 명사형 = '동사 + ing'로 명사처럼 해석된다.
- **I am looking forward to seeing the movie** : 그 영화 보기를 기대하고 있어.
- **I am looking forward to having dinner** : 저녁 식사 하는 것을 기대하고 있어.

9 I am saying (that) + 문장

: ~라는 얘기야.

회화패턴문장

1 I am saying (that) it's your fault. 그게 너의 잘못이라고 말하는 거야.

2 I am saying (that) it's not funny. 웃기지 않다는 얘기야.

3 I am saying (that) I'm not sure. 확실하지 않다는 얘기야.

4 I am saying (that) it's bad. 나쁘다는 얘기야.

5 I am saying (that) I don't know. 나 모른다고 말하는 거야.

6 I am saying (that) you should have done it. 네가 했어야 했다는 얘기야.

7 I am saying (that) you're pretty. 네가 예쁘다는 얘기야.

8 I am saying (that) you should do it right now. 당장 하라는 얘기야.

9 I am saying (that) you should find out. 알아내라는 얘기야.

10 I am saying (that) you should consider it. 참고하라는 얘기야.

> **TIP**
> - **It's your fault** : 너의 잘못이다.
> - **I'm not sure** : 확실하지 않다.
> - **consider it** : 참고하다.

10 **I am not saying (that)** + 문장

: ~라는 얘기는 아니야.

회화패턴문장

1 I am not saying (that) it's your fault. 그게 너의 잘못이라는 얘기는 아니야.

2 I am not saying (that) I don't know. 나 모른다는 얘기는 아니야.

3 I'm not saying (that) that's always true. 무조건 사실이라는 얘기는 아니야.

4 I'm not saying (that) it is urgent. 급하다는 얘기는 아니야.

5 I'm not saying (that) I don't trust you. 널 못 믿겠다는 얘기는 아니야.

6 I'm not saying (that) you are wrong. 네가 틀렸다는 얘기는 아니야.

7 I'm not saying (that) it is easy. 수월하다는 얘기는 아니야.

8 I'm not saying (that) I'm not into him. 그에게 관심 없다는 얘기는 아니야.

9 I'm not saying (that) I won't do it. 그걸 하지 않겠다는 얘기는 아니야.

10 I'm not saying (that) I am unhappy. 내가 행복하지 않다는 얘기는 아니야.

> **TIP**
> ▶ **I am saying (that)** + 문장(주어 + 동사) : ~라는 얘기야.
> ▶ **I am not saying (that)** + 문장(주어 + 동사) : ~라는 얘기는 아니야.
> − **urgent** : 급한
> − **be into ~** : ~에 관심 있다.
> − **I am not into him** : 그에게 관심 없다.

11

I am done with + 명사(형)

: ~ 다 끝냈어.

회화패턴문장

1 I am done with the test.　　시험 다 끝냈어.

2 I am done with my paper.　　리포트 다 끝냈어.

3 I am done with my make-up.　　화장 다 끝냈어.

4 I am done with the laundry.　　빨래 다 했어.

5 I am done with this plate.　　이 음식 다 먹었어.

6 I am done with this book.　　이 책 다 읽었어.

7 I am done with her.　　그녀랑 관계 다 끝냈어.

8 I am done with preparing dinner.　　저녁 준비 다 했어.

9 I am done with drinking and smoking.　　술하고 담배 다 끝냈어.

10 I am done with brushing my teeth.　　양치질 다 했어.

TIP
- **paper** : 리포트
- **make-up** : 화장
- **plate** : 접시
- **brush my teeth** : 양치질하다.

12 **Are you done with** + 명사(형) ?
: ~ 다 끝냈어?

회화패턴문장

1 Are you done with this?   이거 다 끝냈어?

2 Are you done with your phone?   전화 다 끝냈어?

3 Are you done with this newspaper?   이 신문 다 읽었어?

4 Are you done with your homework?   숙제 다 했어?

5 Are you done with your classes?   수업 다 끝냈어?

6 Are you done with the test today?   오늘 시험 다 끝냈어?

7 Are you done with this problem?   이 문제 다 했어?

8 Are you done with dinner?   저녁 다 먹었어?

9 Are you done with him?   걔랑 끝났어?

10 Are you done with using the pen?   펜 사용 다 했어?

TIP
► **I am done with** + 명사 : 나는 ~ 다 끝냈어.
► **You are done with** + 명사 : 너는 ~ 다 끝냈다.
► **Are you done with** + 명사 ? : 너는 ~ 다 끝냈어?

13

I am about to + 동사
: 막 ~하려던 참이야.

회화패턴문장

1 I am about to call you. 　　나 막 너한테 전화하려던 참이야.

2 I am about to take a taxi. 　　나 막 택시 타려던 참이야.

3 I am about to move out. 　　나 막 이사 가려던 참이야.

4 I am about to sleep. 　　나 막 자려던 참이야.

5 I am about to take a picture. 　　나 막 사진 찍으려던 참이야.

6 I am about to have dinner. 　　나 막 저녁 먹으려던 참이야.

7 I am about to go home. 　　나 막 집에 가려던 참이야.

8 I am about to ask you a question. 　　나 막 너에게 질문하려던 참이야.

9 I am about to send an email. 　　나 막 이메일을 보내려던 참이야.

10 I am about to close the door. 　　나 막 문을 닫으려던 참이야.

TIP
▶ I am about to + 동사 : ~하려던 참이야.
- move out : 이사 가다.
- ask you a question : 너에게 질문하다.

14

I am here to + 동사

: ~하러 왔어.

회화패턴문장

1 I'm here to help you.　　　　너 도와주러 왔어.

2 I'm here to see your boss.　　너희 상사 만나려고 왔어.

3 I'm here to get a trim.　　　머리 다듬으러 왔어.

4 I'm here to make a deposit.　예금하러 왔어.

5 I'm here to buy something.　뭐 좀 사러 왔어.

6 I'm here to look around.　　여기 둘러보러 왔어.

7 I'm here to spend some time.　시간 때우려고 왔어.

8 I'm here to renew my passport.　여권을 연장하려고 왔어.

9 I'm here to buy some makeup.　화장품을 좀 사려고 왔어.

10 I'm here to get a refund.　환불하려고 왔어.

> **TIP**
> - **get a trim** : 머리를 다듬다.
> - **make a deposit** : 예금하다.
> - **look around** : 둘러보다.
> - **spend some time** : 시간 때우다.
> - **renew my passport** : 여권을 연장하다.

THINK 동사

1

I think (that) + 문장

: ~한 거 같아.

회화패턴문장

1 I think (that) he is right. 그가 맞는 거 같아.

2 I think (that) it looks nice. 괜찮은 거 같아.

3 I think (that) it is possible. 가능한 거 같아.

4 I think (that) I screwed up the test. 시험 망친 거 같아.

5 I think (that) it's almost 6 o'clock. 벌써 6시가 다 된 거 같아.

6 I think (that) I'll work overtime. 오늘 야근할 것 같아.

7 I think (that) this is enough. 충분한 거 같아.

8 I think (that) we are going the wrong way. 우리 길을 잘못 든 거 같아.

9 I think (that) it is time to say goodbye. 이제 헤어질 시간인 거 같아.

10 I think (that) you two make a great couple. 너희 잘 어울리는 커플 같아.

TIP
- **screw up the test** : 시험을 망치다.
- **work overtime** : 야근하다.
- **go the wrong way** : 길을 잘못 들어서다.
- **say goodbye** : 작별 인사 하나.

2 I don't think (that) + 문장

: ~한 거 같지 않아.

회화패턴문장

1 I don't think (that) he is clever.

그는 영리한 거 같지 않아.

2 I don't think (that) you need it.

너는 그거 필요한 거 같지 않아.

3 I don't think (that) it'll be a problem.

문제 될 거 같지 않아.

4 I don't think (that) it's enough for me.

충분한 거 같지 않아.

5 I don't think (that) I'll be there on time.

제시간에 도착할 거 같지 않아.

6 I don't think (that) this is necessary.

이거 필요한 거 같지 같아.

7 I don't think (that) it really matters.

정말 상관있는 거 같지 않아.

8 I don't think (that) it's going to happen.

일이 생길 거 같지 않아.

9 I don't think (that) I could forgive you.

너를 용서할 거 같지 않아.

10 I don't think (that) I have time for coffee.

커피 마실 시간 있을 거 같지 같아.

TIP
- ▸ I think (that) + 문장 : ~인 것 같아.
- ▸ I don't think (that) + 문장 : ~인 것 같지 않아.
- ※ 이미 부정의 의미이므로 뒤 문장까지 부정을 쓰면 안 된다.
- − I don't think he is not handsome. (X)

3 I thought (that) + 문장

: ~한 줄 알았어.

회화패턴문장

1 I thought (that) they were happy.	그들이 행복한 줄 알았어.
2 I thought (that) you worked here.	네가 여기서 일하는 줄 알았어.
3 I thought (that) you would like it.	네가 좋아할 줄 알았어.
4 I thought (that) you were sick.	네가 아픈 줄 알았어.
5 I thought (that) he quit his job.	그가 일을 그만둔 줄 알았어.
6 I thought (that) she could do it.	그녀가 할 수 있을 줄 알았어.
7 I thought (that) she was in China.	그녀가 중국에 있는 줄 알았어.
8 I thought (that) they moved to Japan.	그들이 일본으로 이사 간 줄 알았어.
9 I thought (that) this was the right address.	이 주소가 맞는 줄 알았어.
10 I thought (that) you two were siblings.	너희 둘이 형제인 줄 알았어.

TIP
▶ I think (that) + 문장 : ~인 것 같아.
▶ I thought (that) + 문장 : ~인 줄 알았어.
※ thought가 과거형이므로 뒤 문장도 과거형이 와야 함을 주의.
– quit his job : 그의 일을 그만두다.
– move to ~ : ~로 이사 가다.

4 I am thinking about + 명사(형)

: ~할까 생각 중이야.

회화패턴문장

1 I am thinking about selling my car.   차를 팔까 생각 중이야.

2 I am thinking about taking a trip.   여행 갈까 생각 중이야.

3 I am thinking about getting an MBA.   경영학 석사 할까 생각 중이야.

4 I am thinking about going to the movies.   영화 보러 갈까 생각 중이야.

5 I am thinking about looking for another job.   다른 일을 구할까 생각 중이야.

6 I am thinking about moving to Hong Kong.   홍콩으로 이민 갈까 생각 중이야.

7 I am thinking about buying this house.   이 집을 구입할까 생각 중이야.

8 I am thinking about cooking turkey for dinner tonight.
오늘 저녁 칠면조 요리할까 생각 중이야.

9 I am thinking about visiting my grandparents for the weekend.
주말 동안 할머니 할아버지를 뵈러 갈까 생각 중이야.

10 I am thinking about taking my daughter with me.
딸을 데리고 갈까 생각 중이야.

5 I have been thinking about + 명사(형)

: ~에 대해 생각 중이었어.

회화패턴문장

1 I have been thinking about it.   그거 생각 중이었어.

2 I have been thinking about it a lot.   그거 많이 생각 중이었어.

3 I have been thinking about it for two days.   그거 이틀 동안 생각 중이었어.

4 I have been thinking about it all day.   그거 하루 종일 생각 중이었어.

5 I have been thinking about it since you said so.   네가 그렇게 말한 후로 계속 그거 생각 중이었어.

6 I have been thinking about your opinion.   네 의견에 대해 생각 중이었어.

7 I have been thinking about our last trip.   우리의 지난 여행에 대해 생각 중이었어.

8 I have been thinking about the laptop I broke.   내가 망가뜨린 노트북에 대해 생각 중이었어.

9 I have been thinking about going on a vacation for a week.
일주일 정도 여행 갈 생각 중이었어.

10 I have been thinking about learning English again.
다시 영어를 배울 생각 중이었어.

6

I think you should + 동사
: 당신 ~해야 할 것 같아.

회화패턴문장

1 I think you should see a doctor.　　당신 병원에 가 봐야 할 거 같아.

2 I think you should change your schedule.　　당신 일정 변경해야 할 거 같아.

3 I think you should take your ID card.　　당신 신분증 지참해야 할 거 같아.

4 I think you should lose weight.　　당신 살을 좀 빼야 할 거 같아.

5 I think you should take a break.　　당신 좀 쉬어야 할 거 같아.

6 I think you should get a job now.　　당신 이제 직장을 구해야 할 거 같아.

7 I think you should talk to your boss.　　당신 상사와 얘기해 봐야 할 거 같아.

8 I think you should take the elevator.　　당신 승강기를 타야 할 거 같아.

9 I think you should pay for the meal.　　당신이 식사를 사야 할 거 같아.

10 I think you should call your mom.　　당신 어머니께 전화해 봐야 할 거 같아.

TIP
▶ I think (that) + 문장 : ~인 것 같아.
▶ I think (that) you should + 동사 : 당신 ~해야 할 것 같아.
- see a doctor : 진찰받다.
- change one's schedule : 일정을 바꾸다.
- take one's ID card : 신분증 지참하다.

7 I don't think I want to + 동사

: 내가 ~하지 않을 것 같은데.

회화패턴문장

1 I don't think I want to live there now.
내가 지금은 거기서 살지 않을 것 같은데.

2 I don't think I want to travel alone.
내가 혼자서 여행은 가지 않을 것 같은데.

3 I don't think I want to work right now.
내가 지금 당장은 일하지 않을 것 같은데.

4 I don't think I want to meet her.
내가 그녀를 만나지는 않을 것 같은데.

5 I don't think I want to go back there.
내가 거기에는 다시 가지 않을 것 같은데.

6 I don't think I want to go to a party tonight.
내가 오늘 저녁 파티에 가지는 않을 것 같은데.

7 I don't think I want to sleep right now.
내가 지금 당장 잠들지는 않을 것 같은데.

8 I don't think I want to drink coffee.
내가 커피를 마시지는 않을 것 같은데.

9 I don't think I want to take the test again.
내가 다시 시험 보지는 않을 것 같은데.

10 I don't think I want to eat dinner today.
내가 오늘 저녁 먹지는 않을 것 같은데.

TIP
▶ I think + 문장 : ~인 것 같아.
▶ I think I want to + 동사 : 내가 ~할 것 같은데.
▶ I don't think I want to + 동사 : 내가 ~하지 않을 것 같은데.

8 Do you think + 문장?
: ~인 거 같니?

회화패턴문장

1 Do you think he's normal? | 그가 정상인 거 같니?

2 What do you think happened? | 무슨 일이 일어난 거 같니?

3 What do you think I should do? | 내가 무엇을 해야 할 거 같니?

4 Who do you think you are? | 네가 누구인 거 같니?

5 Who do you think will win the contest? | 누가 대회에서 우승할 거 같니?

6 Who do you think left this box on the table? | 누가 이 상자를 테이블에 올려놓은 거 같니?

7 How do you think you did on the test? | 시험 어떻게 본 거 같니?

8 Where do you think we should go tomorrow? | 우리 내일 어디 가야 할 거 같니?

9 Which one do you think is good? | 어떤 것이 좋을 거 같니?

10 Which of these do you think I should buy? | 이것들 중에 내가 어떤 것을 사야 할 거 같니?

TIP
- ▶ I think + 문장 : ~인 것 같아.
- ▶ You think + 문장 : 너는 ~라고 생각한다.
- ▶ Do you think + 문장? : 너는 ~라고 생각하니? / ~인 거 같니?
- – normal : 정상인, 제정신인
- – win the contest : 대회에서 우승하다.

9

Don't you think + 문장?

: ~인 거 같지 않나요?

회화패턴문장

1 Don't you think they are so rude? | 그들이 너무 무례한 거 같지 않나요?

2 Don't you think you are too young for me? | 당신 나한테 너무 어린 거 같지 않나요?

3 Don't you think you are too late? | 너무 늦은 거 같지 않나요?

4 Don't you think you should apologize? | 사과해야 하는 거 같지 않나요?

5 Don't you think you should do homework? | 숙제해야 하는 거 같지 않나요?

6 Don't you think you should go to bed early? | 일찍 자러 가야 하는 거 같지 않나요?

7 Don't you think you should ask first? | 먼저 물어봐야 하는 거 같지 않나요?

8 Don't you think you should call the police? | 경찰에 신고해야 하는 거 같지 않나요?

9 Don't you think you should just stay home? | 그냥 집에 있어야 하는 거 같지 않나요?

10 Don't you think you should wait for your turn? | 당신 차례를 기다려야 하는 거 같지 않나요?

TIP
▶ **Do you think** + 문장? : 너는 ~라고 생각하니? / ~인 거 같니?
▶ **Don't you think** + 문장? : ~인 거 같지 않나요?
- **rude** : 무례한
- **apologize** : 사과하다.
- **do homework** : 숙제하다.

1

I like your + 명사

: 당신 ~가 마음에 들어.

회화패턴문장

1 I like your suit.
당신 정장이 마음에 들어.

2 I like your new car.
당신 새 차 좋은데.

3 I like your new coat.
당신 새 코트가 참 마음에 들어.

4 I like your style.
당신 스타일 참 좋네요.

5 I like your proposal.
당신 제안 마음에 드는데.

6 I like your new hair style.
당신 머리 스타일 마음에 들어.

7 I like your personality.
당신 성격 마음에 들어.

8 I like your recipe.
당신 요리법 마음에 들어.

9 I like your passion and attitude.
당신 열정과 태도가 마음에 들어.

10 I like your writings in your blog.
당신 블로그 글들 마음에 들어.

TIP
- **suit** : 정장
- **proposal** : 제안
- **personality** : 성격
- **recipe** : 요리법
- **attitude** : 태도

2

I would like + 명사

: ~하고 싶어요.

회화패턴문장

1 **I'd like** some information.　　　　　안내 좀 받고 싶어요 .

2 **I'd like** a medium size.　　　　　　중간 사이즈로 하고 싶어요.

3 **I'd like** a glass of water.　　　　　물 한 잔 마시고 싶어요.

4 **I'd like** a little more.　　　　　　조금 더 먹고 싶어요.

5 **I'd like** a room facing the beach.　　해변이 보이는 방을 잡고 싶어요.

6 **I'd like** a table for two.　　　　　두 사람이 앉을 자리 잡고 싶어요.

7 **I'd like** the dressing on the side.　　드레싱을 접시 한쪽에 주셨으면 싶어요.

8 **I'd like** my suit pressed.　　　　　제 옷 다림질하고 싶어요.

9 **I'd like** a wallet for my birthday.　　생일 선물로 지갑을 받고 싶어요.

10 **I'd like** a different hair style.　　　다른 머리 스타일을 하고 싶어요.

TIP　▶ **I like your** + 명사 : 당신 ~가 마음에 들어.
　　　▶ **I would like** + 명사 : ~하고 싶어요. (지금 바라고 싶다는 의미가 강하다)
　　　▶ **would**는 미래 가정의 의미로 많이 사용된다. 그러므로 **would**가 들어간다면 지금부터 내가 ~을 하고 싶다는
　　　　강한 바람의 의미이기도 하다.
　　　‒ **face the beach** : 해변가를 마주하다.　　　　　‒ **on the side** : 접시 한쪽에

3   I would like to + 동사

: ~하고 싶어요.

회화패턴문장

1 I'd like to speak with John.   John과 통화하고 싶어요.

2 I'd like to try this on.   이것을 입어 보고 싶어요.

3 I'd like to book a room.   방 예약하고 싶어요.

4 I'd like to join a tour.   투어에 참가하고 싶어요.

5 I'd like to return this.   이거 반품하고 싶어요.

6 I'd like to eat a bit more.   조금 더 먹고 싶어요.

7 I'd like to change my flight time.   비행 시간을 바꾸고 싶어요.

8 I'd like to have you over for dinner.   저녁에 초대하고 싶어요.

9 I'd like to change Korean money into Euros.   한국 통화를 유로화로 환전하고 싶어요.

10 I'd like to have the dressing on the side.   드레싱을 접시 한쪽에 주셨으면 싶어요.

TIP
- ► I like your + 명사 : 당신 ~가 마음에 들어.
- ► I would like + 명사 : ~하고 싶어요.
- ► I would like to + 동사 : ~하고 싶어요.
- – speak with : ~와 통화하다.
- – book a room : 방을 예약하다.
- – try on : ~ 입어 보다.
- – change A into B : A를 B로 환전하다.

4 I like it when + 문장

: ~할 때가 좋아.

회화패턴문장

1 I like it when it rains.

비 올 때가 좋아.

2 I like it when we have pizza.

피자 먹을 때가 좋아.

3 I like it when you do that.

네가 그걸 할 때가 좋아.

4 I like it when he reads to us.

그가 우리에게 책 읽어 줄 때가 좋아.

5 I like it when we walk together.

우리가 같이 걸을 때가 좋아.

6 I like it when you smile.

네가 웃을 때가 좋아.

7 I like it when the sky is clear.

하늘이 맑을 때가 좋아.

8 I like it when you call me 'honey'.

네가 나를 '자기' 라고 부를 때가 좋아.

9 I like it when you wear this shirt.

네가 이 셔츠 입을 때가 좋아.

10 I like it when it is snowing.

눈 내릴 때가 좋아.

> **TIP**
> - **read to us** : ~에게 읽어 주다.
> - **walk together** : 같이 걷다.

5

I don't like it when + 문장

: ~할 때가 싫어.

회화패턴문장

1 I don't like it when it's cloudy.　　　하늘이 우중충할 때가 싫어.

2 I don't like it when the music is loud.　　음악 소리가 클 때가 싫어.

3 I don't like it when you get angry.　　　네가 화낼 때가 싫어.

4 I don't like it when someone touches me.　누군가 닿을 때가 싫어.

5 I don't like it when you ignore me.　　　네가 나를 무시할 때가 싫어.

6 I don't like it when you do this to me.　네가 나한테 이럴 때가 싫어.

7 I don't like it when it is raining.　　　비 내릴 때가 싫어.

8 I don't like it when you call me late at night.　네가 밤늦게 전화할 때가 싫어.

9 I don't like it when you bother me.　　네가 날 방해할 때가 싫어.

10 I don't like it when she teases me.　　그녀가 날 놀릴 때가 싫어.

TIP
▶ I like it when + 문장 : ~할 때가 좋아.
▶ I don't like it when + 문장 : ~할 때가 싫어.
- **cloudy** : 구름 낀, 우중충한　　　　　- **loud** : 소리가 큰
- **touch me** : 나에게 닿다.　　　　　　- **ignore me** : 나를 무시하다.
- **bother me** : 나를 방해하다.　　　　　- **tease me** : 나를 놀리다.

1

You look + 형용사

: ~해 보여.

회화패턴문장

1	**You look** good.	컨디션 좋아 보여.
2	**You look** tired.	피곤해 보여.
3	**You look** pale.	안색이 창백해 보여.
4	**You look** serious.	심각해 보여.
5	**You look** blue.	침울해 보여.
6	**You look** furious.	화나 보여.
7	**You look** nervous.	긴장한 것처럼 보여.
8	**You look** different today.	오늘 좀 다르게 보여.
9	**You look** gorgeous.	멋져 보여.
10	**You look** better than yesterday.	어제보다 나아 보여.

TIP
- **pale** : 창백한
- **serious** : 심각한
- **blue** : 침울한, 우울한
- **furious** : 화난
- **gorgeous** : 멋진

2

You look like + 명사/문장

: ~처럼 보여. / ~와 닮았어.

회화패턴문장

1 You look like your father. — 너 아빠 닮았어.

2 You look like a teenager. — 10대처럼 보여.

3 You look like someone I know. — 내가 아는 분과 닮았어.

4 You look like someone who is in love. — 너 사랑에 빠진 사람 같아 보여.

5 You look like you're upset. — 너 화난 거 같아 보여.

6 You look like you need some rest. — 너 휴식이 필요한 거 같아 보여.

7 You look like you are in your 20's. — 너 20대처럼 보여.

8 You look like you lost some weight. — 너 살 좀 빠진 거 같아 보여.

9 You look like you had a long night. — 너 한숨도 못 잔 거 같아 보여.

10 You look like you're in another world. — 딴 세상에 있는 사람 같아 보여.

TIP
▸ **You look** + 형용사 : ~해 보여.
▸ **You look like** + 명사/문장 : ~처럼 보여/~와 닮았어.
- **a teenager** : 10대
- **need some rest** : 휴식이 필요하다.
- **upset** : 화난
- **have a long night** : 한숨도 못 자다.

FEEL 동사

I feel + 형용사

1

: ~해. (느낌)

회화패턴문장

1 I feel hot.
더워요.

2 I feel sorry for him.
그가 딱해요.

3 I feel nervous.
너무 떨려요.

4 I feel sick.
몸이 안 좋아요.

5 I feel cold.
추워.

6 I feel chilly.
으슬으슬해.

7 I feel scared.
무서워.

8 I feel guilty.
죄인처럼 느껴져.

9 I feel exhausted.
지쳤어.

10 I feel a little dizzy.
약간 어지러워.

TIP	
- **nervous** : 긴장된, 떨린	- **chilly** : 으스스한
- **scared** : 무서운	- **guilty** : 유죄의
- **exhausted** : 지친	- **dizzy** : 어지러운

2

I feel like + 명사/문장
: ~한 느낌이야.

회화패턴문장

1 I feel like a stranger. 낯선 사람이 된 느낌이야.

2 I feel like a loser. 패배자가 된 느낌이야.

3 I feel like a new person. 새롭게 태어난 기분이야.

4 I feel like I'm on top of the world. 너무 좋은 기분이야.

5 I feel like I'm going to throw up. 토할 것 같은 기분이야.

6 I feel like I did something wrong. 뭘 잘못한 기분이야.

7 I feel like she does not like me. 그녀가 나를 좋아하지 않는 기분이야.

8 I feel like I need to go home. 집에 가야 할 것 같은 기분이야.

9 I feel like I saw you somewhere. 너를 어디선가 본 느낌이야.

10 I feel like I'm walking on a cloud. 황홀한 느낌이야.

TIP
▶ I feel + 형용사 : ~해.
▶ I feel like + 명사/문장 : ~한 느낌이야.
- **a stranger** : 낯선 사람
- **on top of the world** : 너무 좋은
- **walk on a cloud** : 황홀한
- **a loser** : 패배자
- **throw up** : 게우다.

3   I feel like + 명사형(~ing)

: ~하고 싶어.

회화패턴문장

1 I feel like eating a snack.   간식이 먹고 싶어.

2 I feel like crying.   울고 싶어.

3 I feel like going shopping.   쇼핑하러 가고 싶어.

4 I feel like drinking a cup of coffee.   커피 한잔 마시고 싶어.

5 I feel like telling her the truth.   그녀에게 솔직하게 말하고 싶어.

6 I feel like listening to the radio.   라디오 듣고 싶어.

7 I feel like eating alone.   혼자 밥 먹고 싶어.

8 I feel like playing a game.   게임하고 싶어.

9 I feel like calling my grandmother.   할머니에게 전화하고 싶어.

10 I feel like loving someone.   사랑하고 싶어.

TIP
- ▶ **I feel** + 형용사 : ~해.
- ▶ **I feel like** + 명사/문장 : ~한 느낌이야.
- ▶ **I feel like** + ing : ~하고 싶어. = 'feel'은 '느끼다'라는 표현이지만, 'feel like ~ing'의 형태를 가지고 있으면 '~를 하고 싶어'라는 의지의 표현이 된다.
- – **eat a snack** : 간식을 먹다.   – **go shopping** : 쇼핑하러 가다.

4

I don't feel like + 명사형(~ing)

: ~하고 싶지 않아. / ~할 기분 아니야.

회화패턴문장

1 I don't feel like going out. | 밖에 나가고 싶지 않아.

2 I don't feel like eating anything. | 아무것도 먹고 싶지 않아.

3 I don't feel like quitting smoking. | 담배 끊을 생각 없어.

4 I don't feel like working today. | 오늘 일하고 싶은 기분 아니야.

5 I don't feel like drinking beer. | 맥주 마시고 싶은 기분 아니야.

6 I don't feel like going to the library. | 도서관에 가고 싶은 기분 아니야.

7 I don't feel like leaving yet. | 아직 떠나고 싶은 기분 아니야.

8 I don't feel like watching this movie. | 이 영화 보고 싶은 기분 아니야.

9 I don't feel like doing the laundry. | 빨래하고 싶은 기분 아니야.

10 I don't feel like working out. | 운동하고 싶은 기분 아니야.

TIP
▶ I feel + 형용사 : ~해.
▶ I feel like + 명사/문장 : ~한 느낌이야.
▶ I feel like + 명사형(~ing) : ~하고 싶어.
▶ I don't feel like + 명사형(~ing) : ~하고 싶지 않아.

5   **Do you feel like** + 명사(형)?

: ~ 좋아해? / ~하고 싶어?

회화패턴문장

1 **Do you feel like** a nightcap?   자기 전에 가볍게 한잔 할래?

2 **Do you feel like** going to a Jazz concert?   재즈 콘서트 가고 싶어?

3 **Do you feel like** a glass of wine?   와인 한잔 하고 싶어?

4 **Do you feel like** playing tennis?   테니스 치고 싶어?

5 **Do you feel like** eating out tonight?   오늘 밤 외식하고 싶어?

6 **Do you feel like** ordering pizza?   피자 시켜 먹고 싶어?

7 **Do you feel like** going outside?   나가고 싶어?

8 **Do you feel like** shopping?   쇼핑하러 가고 싶어?

9 **Do you feel like** going on a drive?   드라이브하러 가고 싶어?

10 **Do you feel like** ordering fried chicken?   치킨 시키고 싶어?

TIP
- **I feel** + 형용사 : ~해.
- **I feel like** + 명사/문장 : ~한 느낌이야.
- **I feel like** + 명사형(~ing) : ~하고 싶어.
- **Do you feel like** + 명사형(~ing)? : ~하고 싶어?
- **night cap** : 잠자리 들기 전 마시는 술 한 잔

6

How do you feel about + 명사(형)?

: ~ 어떤 거 같아?

회화패턴문장

1 How do you feel about that? | 그거 어떤 것 같아?

2 How do you feel about your new home? | 당신의 새 집 어떤 거 같아?

3 How do you feel about your new teacher? | 당신의 새로운 선생님 어떤 거 같아?

4 How do you feel about this candidate? | 이 후보자 어떤 거 같아?

5 How do you feel about that milestone? | 이 중대 시점 어떤 거 같아?

6 How do you feel about seeing a movie tonight?
오늘 저녁에 영화 보는거 어떤 거 같아?

7 How do you feel about moving to a different country?
다른 나라로 이민 가는 거 어떤 거 같아?

8 How do you feel about working for my company?
우리 회사에서 일하는 거 어떤 거 같아?

9 How do you feel about walking to the park?
공원까지 걸어가는 거 어떤 거 같아?

10 How do you feel about learning a new language?
새로운 언어 배우는 거 어떤 거 같아?

1 It sounds like + 명사/문장
: ~해. (느낌)

회화패턴문장

1 It sounds like fun. | 재미있게 들려.

2 It sounds like a good idea. | 좋은 생각처럼 들려.

3 It sounds like a good plan to me. | 나한테 좋은 계획처럼 들려.

4 It sounds like a good deal. | 좋은 거래처럼 들려.

5 It sounds like an excuse. | 변명처럼 들려.

6 It sounds like you had fun. | 재미있었다는 말로 들려.

7 It sounds like you've been busy. | 아주 바빴다는 말로 들려.

8 It sounds like you have a lovely family! | 아주 화목한 가정을 둔 것처럼 들려.

9 It sounds like you need a hand. | 도움 필요한 것처럼 들려.

10 It sounds like you are having a rough day. | 힘든 하루 보내는 것처럼 들려.

TIP
- **a good deal** : 좋은 거래
- **an excuse** : 변명
- **need a hand** : 도움이 필요하다.
- **rough** : 힘든, 거친

SEEM 동사

1

It seems like + 명사/문장

: ~인 거 같아.

회화패턴문장

1 It seems like yesterday. — 어제 일 같아.

2 It seems like a waste of time. — 시간 낭비인 것 같아.

3 It seems like a big problem. — 큰 문제인 것 같아.

4 It seems like I am dreaming. — 마치 꿈을 꾸는 것 같아.

5 It seems like it might rain. — 비가 올 것 같아.

6 It seems like you are always busy. — 넌 늘 바쁜 것 같아.

7 It seems like we have already been here. — 우리 이미 여기 와 본 것 같아.

8 It seems like you are happy with her. — 너 그녀와 행복한 것 같아.

9 It seems like you don't want to be here. — 여기 있기 싫어하는 것 같아.

10 It seems like you are uncomfortable. — 불편해 보이는 것 같아.

TIP
- **a waste of time** : 시간 낭비
- **might** : ~일지 모른다. (**may**보다 강한 추측)
- **uncomfortable** : 불편한

2

seem to + 동사

: ~처럼 보여.

회화패턴문장

1 The box **seems to** be heavy.　　　　상자가 무거워 보여.

2 You **seem to** be very busy nowadays.　　요즘 엄청 바빠 보여.

3 You **seem to** be a nice person.　　　너 좋은 사람처럼 보여

4 You **seem to** be looking for someone.　당신 누군가 찾는 것처럼 보여.

5 You **seem to** have a fever.　　　　열나는 것처럼 보여.

6 You **seem to** have a lot of luggage.　　짐이 많은 것처럼 보여.

7 She **seems to** be out of control.　　그녀는 구제 불능인 것처럼 보여.

8 He doesn't **seem to** be leaving soon.　그는 곧 떠날 것 같지 않아 보여.

9 Your parents **seem to** be proud of you.　너희 부모님이 너 자랑스럽게 여기시는 것처럼 보여.

10 It **seems to** me that you never call.　너 나에게 절대로 전화 안 하는 것처럼 보여.

TIP
- **nowadays** : 요즘
- **a fever** : 열
- **out of control** : 구제 불능의, 통제 밖의

1 I wonder why + 문장

: 왜 ~한 건지 모르겠어.

회화패턴문장

1 I wonder why he is late.	왜 그가 늦는지 모르겠어.
2 I wonder why he said that.	왜 그가 그렇게 말했는지 모르겠어.
3 I wonder why he came here.	왜 그가 여기 온 건지 모르겠어.
4 I wonder why this project has failed.	왜 이 프로젝트가 실패했는지 모르겠어.
5 I wonder why she is calling me.	왜 그녀가 나한테 전화를 한 건지 모르겠어.
6 I wonder why you decided to change jobs.	왜 네가 전업하려는지 모르겠어.
7 I wonder why it's so cold in here.	왜 여긴 이렇게 추운지 모르겠어.
8 I wonder why he's taking so long.	왜 그가 이렇게 오래 걸리는지 모르겠어.
9 I wonder why he hasn't written me back.	왜 나에게 답장을 안 하는지 모르겠어.
10 I wonder why he can't do anything right.	왜 그는 하는 짓마다 그 모양인지 모르겠어.

TIP
- **change jobs** : 전업하다.
- **write back** : 답장하다.

2

I wonder what + 문장

: 무얼(왜) ~는지 모르겠어.

회화패턴문장

1	I wonder what he's doing here.	그가 여기서 뭘 하려는 건지 모르겠어.
2	I wonder what I should wear tomorrow.	나 내일 뭘 입을지 모르겠네.
3	I wonder what she lives for.	그 여자는 무슨 낙으로 사는지 모르겠어.
4	I wonder what they want with me.	그들이 나에게 뭘 원하는지 모르겠어.
5	I wonder what he looks like.	그 사람이 어떻게 생겼을지 모르겠어.
6	I wonder what happened to her.	그녀에게 무슨 일이 일어났는지 모르겠어.
7	I wonder what caused the accident.	왜 사고가 일어났는지 모르겠어.
8	I wonder what made him upset.	왜 그가 화가 났는지 모르겠네.
9	I wonder what brings him here.	왜 그가 여기 왔는지 모르겠어.
10	I wonder what caused her to leave early.	왜 그녀가 일찍 돌아갔는지 모르겠어.

TIP
- **live for ~** : ~를 위해 살다.
- **happen to ~** : ~이 발생하다.
- **cause the accident** : 사고를 유발하다.

3

I wonder if + 문장

: 혹시 ~할지 모르겠어.

회화패턴문장

1 I wonder if she is coming.   혹시 그 여자가 올지 모르겠어.

2 I wonder if it is true.   혹시 정말인지 모르겠어.

3 I wonder if you can help me.   혹시 절 도와주실 수 있는지 모르겠어요.

4 I wonder if you have anything cheaper.   혹시 더 싼 것이 있는지 모르겠어.

5 I wonder if I can stay three days longer.   혹시 3일 더 묵을 수 있는지 모르겠어.

6 I wonder if I could do something like that.   혹시 내가 그렇게 할 수 있을지 모르겠어.

7 I wonder if I could use your phone.   혹시 전화 좀 빌릴 수 있을지 모르겠어.

8 I wonder if you can lend me some money.   혹시 돈 좀 빌려줄 수 있을지 모르겠어.

9 I wonder if you can drop me off at work.   혹시 나 회사에 데려다줄 수 있을지 모르겠어.

10 I wonder if I will pass the final exam.   혹시 기말고사 통과할 수 있을지 모르겠어.

TIP
- **if** : ~인지 아닌지
- **three days longer** : 3일 더
- **drop me off ~** : 나를 ~에 내려다 주다.
- **pass the final exam** : 기말고사 통과하다.

4

I was wondering if + 문장

: 혹시 ~할 수 있나 해서요.

회화패턴문장

1 I was wondering if I could ask you a favor. | 혹시 부탁 하나 할 수 있나 해서요.

2 I was wondering if I could borrow your car. | 혹시 차 빌릴 수 있나 해서요.

3 I was wondering if you had her number. | 혹시 그녀 전화번호 알고 있나 해서요.

4 I was wondering if you can fix this. | 혹시 이걸 고칠 수 있나 해서요.

5 I was wondering if you can meet me. | 혹시 나 만나 줄 수 있는지 해서요.

6 I was wondering if you could help me. | 혹시 날 좀 도와줄 수 있는지 해서요.

7 I was wondering if you could buy me coffee. | 혹시 커피 좀 사 줄 수 있나 해서요.

8 I was wondering if they like Korean food. | 혹시 그들이 한국 음식 좋아하나 해서요.

9 I was wondering if you would like to come over for dinner.
혹시 저녁 먹으러 올 수 있나 해서요.

10 I was wondering if there is class tomorrow.
혹시 내일 수업 있나 해서요.

67

1 **I need** + 명사 : ~가 필요해.

회화패턴문장

1	I need a hand.	도움이 필요해.
2	I need some sleep.	잠이 필요해.
3	I need some money.	돈이 좀 필요해.
4	I need some caffeine.	카페인이 필요해.
5	I need some advice.	조언이 필요해.
6	I need a little break.	잠깐 휴식이 필요해.
7	I need a bigger size.	좀 더 큰 사이즈가 필요해.
8	I need your signature.	당신의 사인이 필요해.
9	I need a bit more time.	좀 더 시간이 필요해.
10	I need a wake-up call.	모닝콜이 필요해.

TIP
- **caffeine** : 카페인
- **advice** : 충고
- **a bit** : 조금 더
- **wake-up call** : 모닝콜

2

I need to + 동사

: ~해야 해.

회화패턴문장

1 I need to talk to my boss.
상사에게 말해야 해.

2 I need to charge my phone.
핸드폰 충전해야 해.

3 I need to renew my driver's license.
운전면허 갱신해야 해.

4 I need to relax for a while.
당분간 쉬어야 해.

5 I need to wear a raincoat.
비옷 입어야 해.

6 I need to change my appointment.
약속 바꿔야 해.

7 I need to go as soon as possible.
가능한 빨리 가 봐야 해.

8 I need to cancel my hotel booking.
호텔 예약을 취소해야 해.

9 I need to close my bank account.
은행 계좌를 폐쇄해야 해.

10 I need to transfer to a flight to New York.
뉴욕 가는 비행기로 갈아타야 해.

TIP
▶ I need + 명사 : ~가 필요해.
▶ I need to + 동사 : ~해야 해.
– **driver's license** : 운전면허증   – **for a while** : 당분간
– **as soon as possible** : 가능한 한 빨리
– **close one's bank account** : 은행 계좌를 폐쇄하다.

3

You need to + 동사

: 너 ~해야 해.

회화패턴문장

1 You need to give up. 너 포기해야 해.

2 You need to sleep more. 너 좀 더 자야 해.

3 You need to study for your exam. 너 시험 공부해야 해.

4 You need to be there by 10. 너 10시까지 거기 있어야 해.

5 You need to control yourself. 너 자신을 통제해야 해.

6 You need to improve your English. 너 영어 실력을 향상시켜야 해.

7 You need to apply for the position. 너 그 자리에 지원해야 해.

8 You need to fill out the form. 너 양식 작성해야 해.

9 You need to stop eating. 너 그만 먹어야 해.

10 You need to stop laughing. 너 그만 웃어야 해.

TIP
▶ I need + 명사 : ~가 필요해.
▶ I need to + 동사 : ~해야 해.
▶ You need to + 동사 : 너 ~해야 해.
– give up : 포기하다.
– improve : 향상시키다.
– control oneself : 자신을 통제하다.
– fill out the form : 양식을 작성하다.

4 You don't need to + 동사

: ~할 필요 없어.

회화패턴문장

1 **You don't need to** write it down. 그걸 받아 적을 필요는 없어.

2 **You don't need to** feel bad. 기분 나빠할 필요 없어.

3 **You don't need to** worry. 걱정할 필요 없어.

4 **You don't need to** do that. 그럴 필요 없어.

5 **You don't need to** clean up. 청소할 필요 없어.

6 **You don't need to** apologize. 사과할 필요 없어.

7 **You don't need to** be in a hurry. 서두를 필요 없어.

8 **You don't need to** lose weight. 살 뺄 필요 없어.

9 **You don't need to** think about it. 그거에 대해 생각할 필요 없어.

10 **You don't need to** finish your food. 다 먹을 필요 없어.

TIP
▶ **I need** + 명사 : ~가 필요해.
▶ **I need to** + 동사 : ~해야 해.
▶ **You need to** + 동사 : 너 ~해야 해.
▶ **You don't need to** + 동사 : 너 ~할 필요 없어.

5

I need you to + 동사

: ~해 주셔야 해요.

회화패턴문장

1 I need you to sign right here. | 바로 여기에 서명해 주셔야 해요.

2 I need you to fill out this form. | 이 서류를 작성해 주셔야 해요.

3 I need you to come here right now. | 당장 이곳으로 와 주셔야 해요.

4 I need you to tell me the truth. | 나에게 사실대로 말해 주셔야 해요.

5 I need you to approve this case. | 이 안건을 승인해 주셔야 해요.

6 I need you to do me a favor. | 제 부탁 들어 주셔야 해요.

7 I need you to do some research. | 조사 좀 해 주셔야 해요.

8 I need you to help me with cooking. | 저 요리하는 것 좀 도와 주셔야 해요.

9 I need you to download a file for me. | 파일 하나만 다운로드 받아 주셔야 해요.

10 I need you to do exactly as I tell you. | 내가 말하는 대로 해 주셔야 해요.

TIP
- ▶ I need + 명사 : ~가 필요해.
- ▶ I need to + 동사 : ~해야 해.
- ▶ I need you to + 동사 : ~해 주셔야 해요. (나는 당신이 ~해 주기를 필요로 합니다)
- – approve this case : 이 안건을 승인하다.　　　 – do me a favor : 부탁 들어주다.
- – do some research : 조사하다.

6

All I need is + 명사

: 내가 필요한 건 오직 ~뿐이야.

회화패턴문장

1 All I need is you.   내가 필요한 건 당신뿐이야.

2 All I need is a nice long vacation.   내가 필요한 건 긴 휴가뿐이야.

3 All I need is a new laptop.   내가 필요한 건 새 노트북뿐이야.

4 All I need is the opportunity.   내가 필요한 건 기회뿐이야.

5 All I need is some luck.   내가 필요한 건 약간의 운뿐이야.

6 All I need is your support.   내가 필요한 건 너의 지지뿐이야.

7 All I need is time and money.   내가 필요한 건 시간과 돈뿐이야.

8 All I need is your attention.   내가 필요한 건 너의 관심뿐이야.

9 All I need is some rest.   내가 필요한 건 약간의 휴식뿐이야.

10 All I need is a little help.   내가 필요한 건 작은 도움뿐이야.

TIP ▶ **All (that) I need is** + 명사 : 밑줄 전체가 주어의 역할을 한다.
- **a nice long vacation** : 긴 휴가
- **a new laptop** : 새로운 노트북
- **some rest** : 약간의 휴식

MIND 동사

1

Do you mind + 명사형(~ing)

: ~해 주실래요? (~해도 괜찮을까요?)

회화패턴문장

1 Do you mind opening the window?   창문을 열어 주실래요?

2 Do you mind staying here?   여기 좀 머물러 주실래요?

3 Do you mind talking outside?   밖에서 좀 얘기하실래요?

4 Do you mind going a little faster?   조금 빨리 가실래요?

5 Do you mind holding the elevator?   엘리베이터 좀 잡아 주실래요?

6 Do you mind joining us for lunch?   같이 점심 좀 드실래요?

7 Do you mind waiting for a while?   잠시 기다려 주실래요?

8 Do you mind giving me a lift?   저 좀 태워 주실래요?

9 Do you mind parking my car here?   제 차 여기에 주차해도 괜찮을까요?

10 Do you mind cooking here?   여기서 요리해도 괜찮을까요?

TIP ▶ **Do you mind ~** : ~해도 괜찮을까요? (~하는 것을 꺼리시나요?)
- **mind** : 꺼리다, 조심하다. (여기서는 '꺼리다'의 의미로 해석됨을 주의.)
- **hold the elevator** : 엘리베이터를 잡아 두다.
- **join us for lunch** : 우리와 같이 점심 먹다.
- **give me a lift** : 나를 태워 주다.

2 **Would you mind** + 명사형(~ing)

: ~해 주실래요? (~해도 괜찮을까요?) - 좀 더 공손한 표현

회화패턴문장

1 Would you mind telling me your address?   주소 좀 알려 주시겠어요?

2 Would you mind waiting outside?   밖에서 기다려 주시겠어요?

3 Would you mind taking a picture of me?   저 사진 한 장 찍어 주시겠어요?

4 Would you mind moving your car?   차 좀 옮겨 주시겠어요?

5 Would you mind doing me a favor?   부탁 좀 들어주시겠어요?

6 Would you mind grabbing me a piece of donut?
도넛 하나 집어 주시겠어요?

7 Would you mind scooting over?   옆으로 좀 가 주시겠어요?

8 Would you mind passing me that water bottle?
물병 좀 주시겠어요?

9 Would you mind lending me your pen?   펜 좀 빌려주시겠어요?

10 Would you mind sharing?   (식당에서) 합석해도 괜찮을까요?

3

Do you mind if I + 동사

: 제가 ~해도 될까요?

회화패턴문장

1 Do you mind if I use your phone?   제가 당신 전화 좀 써도 될까요?

2 Do you mind if I eat the last piece?   제가 마지막 조각 먹어도 될까요?

3 Do you mind if I borrow this book?   제가 이 책 좀 빌려도 될까요?

4 Do you mind if I sit here?   제가 여기 앉아도 될까요?

5 Do you mind if I fax something?   제가 팩스 보내도 될까요?

6 Do you mind if I leave early?   제가 일찍 퇴근해도 될까요?

7 Do you mind if I ask you one more thing?   제가 하나만 더 여쭤봐도 될까요?

8 Do you mind if I take a break?   제가 휴식 시간을 가져도 될까요?

9 Do you mind if I hitch a ride with you?   제가 같이 좀 타고 가도 될까요?

10 Do you mind if I borrow your charger?   제가 충전기 좀 빌려도 될까요?

TIP
- **the last piece** : 마지막 조각
- **fax something** : 팩스 보내다.
- **hitch a ride with ~** : 가는 길에 ~를 태우다.

4 If you don't mind, 문장

: 괜찮으면,

회화패턴문장

1 If you don't mind, close the window.　괜찮으면, 창문 좀 닫아 줄래.

2 If you don't mind, I'll go to bed first.　괜찮으면, 먼저 잘게.

3 If you don't mind, let's take a rest.　괜찮으면, 잠시 쉬자.

4 If you don't mind, let's go on a trip.　괜찮으면, 여행 가자.

5 If you don't mind, I'd like to take the day off on Saturday.
괜찮으면, 토요일에 쉬고 싶어요.

6 If you don't mind, can I ask you your name?　괜찮으면, 이름 물어봐도 될까?

7 If you don't mind, can I drive you home?　괜찮으면, 집에 데려다줄까요?

8 If you don't mind, can you be with me?　괜찮으면, 나랑 있어 줄래?

9 If you don't mind, can you help me with this?
괜찮으면, 이것 좀 도와줄래?

10 If you don't mind, can I buy you a drink?　괜찮으면, 오늘 술 한잔 사 줄까?

THANK 동사

1

Thank you for + 명사(형)

: ~해 주셔서 고마워요.

회화패턴문장

1	**Thank you for** your lunch.	점심 식사 대접해 주셔서 고마워요.
2	**Thank you for** the tip.	조언해 주셔서 고마워요.
3	**Thank you for** your hard work.	당신의 노고에 감사해요.
4	**Thank you for** your support.	지원해 주셔서 감사해요.
5	**Thank you for** your help last time.	지난번에 도움 주셔서 감사해요.
6	**Thank you for** helping me out.	도와주셔서 감사해요.
7	**Thank you for** calling.	전화해 주셔서 고마워요.
8	**Thank you for** coming here.	여기까지 와 주셔서 고마워요.
9	**Thank you for** having me.	초대해 주셔서 고마워요.
10	**Thank you for** taking care of me.	언제나 아껴 주셔서 고마워요.

TIP
- **the tip** : 조언
- **last time** : 지난번
- **having me** : 저를 초대해 주셔서
- **hard work** : 노고
- **coming here** : 여기 참석해 주셔서
- **taking care of me** : 저를 아껴 주셔서

2

Thanks a lot for + 명사(형)

: ~해 주셔서 대단히 고마워요.

회화패턴문장

1 Thanks a lot for your help.
도와주셔서 대단히 고마워요.

2 Thanks a lot for your kindness.
친절히 대해 주셔서 대단히 고마워요.

3 Thanks a lot for the other day.
지난번은 대단히 고마워요.

4 Thanks a lot for your time.
시간 내 주셔서 대단히 고마워요.

5 Thanks a lot for your information.
알려 주셔서 대단히 고마워요.

6 Thanks a lot for your donation.
기부해 주셔서 대단히 고마워요.

7 Thanks a lot for joining us.
함께 해 주셔서 대단히 고마워요.

8 Thanks a lot for coming to my party.
파티에 와 주셔서 대단히 고마워요.

9 Thanks a lot for coming here today.
오늘 여기까지 와 주셔서 대단히 고마워요.

10 Thanks a lot for coming early.
일찍 와 주셔서 대단히 고마워요.

TIP
- **your kindness** : 당신의 친절
- **the other day** : 지난번
- **donation** : 기부

3 I really appreciate + 명사

: ~에 진심으로 감사드립니다.

회화패턴문장

1 I really appreciate your help.　　　도와주셔서 진심으로 감사드립니다.

2 I really appreciate your kindness.　　친절에 진심으로 감사드립니다.

3 I really appreciate your effort.　　　노고에 진심으로 감사드립니다.

4 I really appreciate your generosity.　아량에 진심으로 감사드립니다.

5 I really appreciate your consideration.　생각해주셔서 진심으로 감사드립니다.

6 I really appreciate your understanding.　이해해주셔서 진심으로 감사드립니다.

7 I really appreciate your cooperation.　협조해주셔서 진심으로 감사드립니다.

8 I really appreciate your concern.　　걱정해주셔서 진심으로 감사드립니다.

9 I really appreciate you taking the time.　시간 내주셔서 진심으로 감사드립니다.

10 I really appreciate your advice on the matter.　그 문제에 관한 충고 정말 감사합니다.

TIP　► I really appreciate for + 명사. (X)
　　　► I really appreciate + 명사. (O)
　　　► I really appreciate + your + ~ing. (X)
　　　► I really appreciate + you + ~ing. (O)

1

care about + 명사

: ~에 관심 있어. / ~을 신경 써.

회화패턴문장

1 He **cares about** you.   그는 너에게 관심 있어.

2 He **cares about** education.   그는 교육에 관심 있어.

3 He **cares about** his health.   그는 건강에 관심 있어.

4 He **cares about** politics.   그는 정치에 관심 있어.

5 He **cares about** his family.   그는 자기 가족을 신경 써.

6 I **care about** my girlfriend.   나는 여자 친구를 신경 써.

7 I **care about** this product.   나는 이 제품에 관심 있어.

8 I **care about** your offer.   나는 너의 제안에 관심 있어.

9 I still **care about** you.   나는 아직도 너에게 관심 있어.

10 I **care about** your happiness.   나는 너의 행복에 신경 써.

TIP ▶ **care about** : 주로 '애정이 있어 관심이 간다', '신경을 쓴다'라는 의미로 사용된다.
- **politics** : 정치
- **product** : 제품
- **offer** : 제안

2

care for + 명사
: ~을 좋아해.

회화패턴문장

1 I care for his family. | 나는 그의 가족을 좋아해.

2 They care for animals. | 그들은 동물을 좋아해.

3 The teacher cares for her students. | 선생님은 학생들을 좋아해.

4 Do you care for any particular food? | 어떤 특별한 음식 좋아해?

5 Do you care for any particular music? | 어떤 특별한 음악 좋아해?

6 I don't really care for tea. | 차는 별로 좋아하지 않아.

7 I don't care for that kind of style. | 저런 스타일은 좋아하지 않아.

8 I don't care for my new job. | 새 직장을 좋아하지 않아.

9 I don't care for strong drinks. | 독한 술은 좋아하지 않아.

10 I don't care for spicy food. | 매운 것은 먹고 싶지 않아.

TIP ▶ care for : '~를 좋아한다'라는 의미인데 주로 어떤 기호를 표현할 때 사용된다.
- **particular** : 특별한
- **that kind of style** : 저런 스타일
- **strong drinks** : 독한 술
- **spicy food** : 매운 음식

3

I don't care + 명사/문장

: ~에 관심 없어.

회화패턴문장

1	**I don't care** about it.	그것에 관심 없어.
2	**I don't care** about her.	그녀에게 관심 없어.
3	**I don't care** about the money.	돈에 관심 없어.
4	**I don't care** about the looks.	외모에 관심 없어.
5	**I don't care** about that matter.	그 문제에 관심 없어.
6	**I don't care** what he wants.	그가 뭘 원하든 신경 안 써.
7	**I don't care** what they call me.	그들이 뭐라고 부르든 신경 안 써.
8	**I don't care** what we eat for dinner.	저녁으로 뭘 먹든 신경 안 써.
9	**I don't care** how sick you are.	네가 얼마나 아픈지 신경 안 써.
10	**I don't care** who wins this contest.	누가 이기든 관심 없어.

TIP
▸ **I care about** + 명사 : ~에 관심 있어.
▸ **I don't care about** + 명사 : ~에 관심 없어.
- **the looks** : 외모
- **the matter** : 문제

83

4 **Would you care for** + 명사?

: ~ 드릴까요?

회화패턴문장

1 Would you care for something to drink? | 마실 것 좀 드릴까요?

2 Would you care for dessert? | 디저트 드시겠습니까?

3 Would you care for another drink? | 한 잔 더 드릴까요?

4 Would you care for some milk? | 우유 좀 드릴까요?

5 Would you care for some more eggs? | 계란 좀 더 드릴까요?

6 Would you care for anything else? | 다른 거 뭐 더 드릴까요?

7 Would you care for a cup of tea? | 차 한 잔 드릴까요?

8 Would you care for some mashed potatoes? | 으깬 감자 좀 드릴까요?

9 Would you care for some syrup? | 시럽 좀 드릴까요?

10 Would you care for something to eat? | 먹을 것 좀 드릴까요?

TIP　▶ **Would you care for ~** : 상대방에게 '~를 선호하세요?' 즉, '~하실래요/드릴까요'라는 의향을 묻는 표현으로 사용된다.
- **another** : 하나 더, 다른
- **anything else** : 그 밖에 다른 거
- **mashed potato** : 으깬 감자

KNOW 동사

1

I know + 문장

: ~ 이미 알아.

회화패턴문장

1 I know you care for me.

네가 내 걱정하고 있는 거 이미 알아.

2 I know it's my mistake.

내 실수라는 거 이미 알아.

3 I know you think I'm lazy.

내가 게으르다고 생각하는 거 이미 알아.

4 I know you like chocolate milk.

네가 초코 우유 좋아하는 거 이미 알아.

5 I know you came by yesterday.

어제 들렀었다는 거 이미 알아.

6 I know you didn't do it.

네가 하지 않았다는 거 이미 알아.

7 I know who she is.

그녀가 누군지 이미 알아.

8 I know where you live.

네가 어디 사는지 이미 알아.

9 I know you bought me a wallet for Christmas.

크리스마스 선물로 지갑 샀다는 거 이미 알아.

10 I know I'm not the only one who's late.

나 혼자 지각하는 게 아니라는 거 이미 알아.

TIP ► **know** : '알다'라고만 알아 두지 말고, '이미 알고 있다'라는 의미로 알아 두자.
- **come by** : 잠시 들르다.
- **where you live** : 네가 사는 곳
- **the only one** : 유일한 사람

2

I don't know if + 문장

: ~인지 아닌지 모르겠어.

회화패턴문장

1 **I don't know if** you can help me. ⟶ 네가 도와줄 수 있는지 모르겠어.

2 **I don't know if** that's possible. ⟶ 그게 가능할지 모르겠어.

3 **I don't know if** he will like my idea. ⟶ 그가 내 아이디어를 좋아할지 모르겠어.

4 **I don't know if** I can see him again. ⟶ 내가 그와 다시 만날 수 있을지 모르겠어.

5 **I don't know if** he can come on time. ⟶ 그가 제시간에 올 수 있을지 모르겠어.

6 **I don't know if** he will come to the party. ⟶ 그가 파티에 올지 모르겠어.

7 **I don't know if** you remember me. ⟶ 당신이 나를 기억하는지 모르겠어.

8 **I don't know if** that is worth it. ⟶ 그만한 가치가 있는지 모르겠어.

9 **I don't know if** I can handle the job. ⟶ 그 일을 처리할 수 있을지 모르겠네.

10 **I don't know if** I can make it on time. ⟶ 내가 제시간에 도착할 수 있을지 모르겠어.

TIP
- **on time** : 제시간에
- **worth it** : 가치가 있다.
- **handle the job** : 일을 처리하다.
- **make it on time** : 제시간에 도착하다.

3

I don't know why + 문장

: 왜 ~인지 모르겠어.

회화패턴문장

1 I don't know why I like this music.　내가 이 음악을 왜 좋아하는지 모르겠어.

2 I don't know why I trusted you.　내가 당신을 왜 믿었는지 모르겠어.

3 I don't know why this bag is so expensive.　이 가방이 왜 이렇게 비싼지 모르겠어.

4 I don't know why she doesn't like me.　그녀가 날 왜 싫어하는지 모르겠어.

5 I don't know why I loved that man.　내가 왜 그런 남자를 사랑했는지 모르겠어.

6 I don't know why I'm in this situation.　내가 왜 이런 상황에 처했는지 모르겠어.

7 I don't know why I still like you.　내가 당신을 아직도 왜 좋아하는지 모르겠어.

8 I don't know why I did such a thing.　내가 왜 그런 일을 했는지 모르겠어.

9 I don't know why he got so mad.　그가 왜 이렇게 화를 냈는지 모르겠어.

10 I don't know why we went on a date.　우리가 왜 데이트를 했는지 모르겠어.

TIP
- **in this situation** : 이런 상황에서
- **such a thing** : 그런 일
- **get so mad** : 화가 많이 나다.
- **go on a date** : 데이트하다 .

4

I don't know how + 문장

: 어떻게 ~할지 모르겠어.

회화패턴문장

1 I don't know how to tell you this. 이걸 어떻게 말해야 좋을지 모르겠어.

2 I don't know how to get there. 어떻게 거기까지 가는지 모르겠어.

3 I don't know how to bring it up. 어떻게 첫마디를 꺼내야 할지 모르겠어.

4 I don't know how to react. 어떻게 내가 반응해야 할지 모르겠어.

5 I don't know how to apologize to you. 어떻게 사과를 해야 할지 모르겠어.

6 I don't know how to thank you for everything.
이 모든 것들에 대해 얼마나 고마운지 모르겠어.

7 I don't know how to face this problem. 어떻게 이 문제에 대처해야 할지 모르겠어.

8 I don't know how to live from now on. 어떻게 앞으로 살아가야 할지 모르겠어.

9 I don't know how long I've been sitting here. 얼마나 오랫동안 여기 앉아 있었는지 모르겠어.

10 I don't know how many times I've tried calling.
몇 번이나 전화했는지 모르겠어.

5

Do you know what + 문장 ?

: 무슨 ~을 한지 알아?

회화패턴문장

1 Do you know what he did?　　그 사람이 무슨 일을 했는지 알아?

2 Do you know what she said?　　그녀가 무슨 말을 했는지 알아?

3 Do you know what I mean?　　내가 무슨 뜻으로 말하는 건지 알아?

4 Do you know what I'm thinking?　　내가 지금 무슨 생각 하고 있는지 알아?

5 Do you know what I want to do?　　내가 하고 싶은 게 먼지 알아?

6 Do you know what she needs?　　그녀가 필요한 게 먼지 알아?

7 Do you know what he is wearing?　　그가 어떤 옷을 입었는지 알아?

8 Do you know what time it is?　　지금 시간이 몇 시인지 알아?

9 Do you know what I need right now?　　내가 지금 필요한 게 먼지 알아?

10 Do you know what mistake you made?　　지금 네가 무슨 실수를 했는지 알아?

TIP
- **what he did** : 그가 한 것
- **what she said** : 그녀가 말한 것
- **what I mean** : 내가 의미하는 것
- **what he is wearing** : 그가 입고 있는 것

6

Do you know how to + 동사 ?

: ~할 줄 아세요?

회화패턴문장

1 Do you know how to drive?   운전할 줄 아세요?

2 Do you know how to use this software?   이 소프트웨어 사용할 줄 아세요?

3 Do you know how to play chess?   체스 둘 줄 아세요?

4 Do you know how to solve this problem?   이 문제 풀 줄 아세요?

5 Do you know how to play the guitar?   기타 칠 줄 아세요?

6 Do you know how to ride a bicycle?   자전거 탈 줄 아세요?

7 Do you know how to speak Spanish?   스페인어 할 줄 아세요?

8 Do you know how to use chopsticks?   젓가락 사용할 줄 아세요?

9 Do you know how to use this machine?   이 기계 사용할 줄 아세요?

10 Do you know how to get there?   거기까지 어떻게 가는지 아세요?

> **TIP**
> - **how to ~** : ~하는 법
> - **use this software** : 이 소프트웨어를 사용하다.
> - **play chess** : 체스를 두다.
> - **ride a bicycle** : 자전거를 타다.
> - **use chopsticks** : 젓가락을 사용하다.

7 **Do you know how** + 형용사 + 문장 ?

: 얼마나 ~한 줄 아세요?

회화패턴문장

1 Do you know how much this TV is? | 이 TV 얼마인 줄 아세요?

2 Do you know how much time we spent? | 얼마나 많은 시간을 소비한 줄 아세요?

3 Do you know how many people are there? | 얼마나 많은 사람들이 있는 줄 아세요?

4 Do you know how many people are coming? | 얼마나 많은 사람들이 오는 줄 아세요?

5 Do you know how long the line is? | 얼마나 긴 줄이 서 있는 줄 아세요?

6 Do you know how long it will take? | 얼마나 오래 걸릴 줄 아세요?

7 Do you know how often the bus comes? | 얼마나 저 버스가 자주 오는지 아세요?

8 Do you know how often he visits? | 얼마나 그가 자주 방문하는 줄 아세요?

9 Do you know how mad he is? | 얼마나 그가 화난지 아세요?

10 Do you know how mean she is? | 그녀가 얼마나 불친절한 줄 아세요?

TIP
- **how many** : 얼마나 많은 (수)
- **how much** : 얼마나 많은 (양)
- **how long** : 얼마나 오래 (시간/거리)
- **how often** : 얼마나 자주
- **mean** : 의미하다(동사) / 불친절한, 야비한(형용사)

MEAN 동사

1

I mean ~
: ~라는 뜻이야.

회화패턴문장

1 I mean, I'm sorry.   미안하다는 뜻이야.

2 I mean, it doesn't matter.   상관없다는 뜻이야.

3 I mean, it was an accident.   그냥 사고였다는 뜻이야.

4 I mean, I was leaving right now.   지금 떠난다는 뜻이야.

5 I mean, it was our fault.   우리 잘못이었다는 뜻이야.

6 I mean, he really hates her.   그가 그녀를 정말 싫어한다는 뜻이야.

7 I mean, I don't remember anything.   하나도 기억이 안 난다는 뜻이야.

8 I mean, you don't need to do that.   네가 그렇게 하지 않아도 된다는 뜻이야.

9 I mean, I didn't want you to know.   네가 몰랐으면 했다는 뜻이야.

10 I mean, you are not that bad.   네가 그렇게 나쁜 건 아니라는 뜻이야.

TIP	– it doesn't matter : 상관없다. – our fault : 우리의 잘못 – not that bad : 그 정도로 나쁘지는 않은

2

Do you mean + 명사/문장 ?
: ~라는 뜻이야?

회화패턴문장

1 Do you mean me? | 나라는 뜻이야?

2 Do you mean two o'clock today? | 오늘 2시라는 뜻이야?

3 Do you mean Friday? | 금요일이라는 뜻이야?

4 Do you mean you like me? | 날 좋아한다는 뜻이야?

5 Do you mean she's your girlfriend? | 그녀가 네 여자 친구라는 뜻이야?

6 Do you mean you broke up? | 헤어졌다는 뜻이야?

7 Do you mean I failed it? | 내가 낙제했다는 뜻이야?

8 Do you mean you want more? | 너 더 원한다는 뜻이야?

9 Do you mean I am lying? | 내가 거짓말한다는 말이야?

10 Do you mean it is raining now? | 지금 비가 온다는 말이야?

TIP
- **break up** : 헤어지다.
- **fail** : 실패하다, 낙제하다.
- **I am lying** : 나는 거짓말하고 있다.

3

What do you mean + 문장 ?

: ~라니 무슨 뜻이야?

회화패턴문장

1 **What do you mean it's not ready?**   준비되지 않았다니 무슨 뜻이야?

2 **What do you mean you can't do it?**   그걸 할 수 없다니 무슨 뜻이야?

3 **What do you mean you're disappointed?**   실망했다니 무슨 뜻이야?

4 **What do you mean you lost it?**   잃어버렸다니 무슨 뜻이야?

5 **What do you mean you're not coming?**   네가 안 온다니 무슨 뜻이야?

6 **What do you mean you missed the train?**   기차를 놓쳤다니 무슨 뜻이야?

7 **What do you mean you're not okay?**   괜찮지 않다니 무슨 뜻이야?

8 **What do you mean you won't go?**   가지 않겠다니 무슨 뜻이야?

9 **What do you mean you are with her?**   그 여자와 함께라니 무슨 뜻이야?

10 **What do you mean you are not sure?**   확실치 않다니 무슨 뜻이야?

TIP
- **be disappointed** : 실망하다.
- **miss the train** : 기차를 놓치다.
- **won't = will not**

4

It doesn't mean + 문장.

: ~라는 건 아니야.

회화패턴문장

1 It doesn't mean it is true.   그것이 사실이라는 건 아니야.

2 It doesn't mean you are stupid.   네가 멍청하다는 건 아니야.

3 It doesn't mean we are close.   우리가 가깝다는 건 아니야.

4 It doesn't mean it's okay.   괜찮다는 건 아니야.

5 It doesn't mean it's all over.   완전히 끝났다는 건 아니야.

6 It doesn't mean I want to break up.   헤어지겠다는 건 아니야.

7 It doesn't mean I will be with her.   그녀와 함께 하겠다는 건 아니야.

8 It doesn't mean I agree.   내가 동의한다는 건 아니야.

9 It doesn't mean I will do it for you.   네 대신 해 주겠다는 건 아니야.

10 It doesn't mean I don't love you.   내가 너를 사랑하지 않는다는 건 아니야.

TIP
- **close** : 닫다(동사) / 가까운(형용사)
- **be all over** : 완전히 끝나다.
- **do it for you** : 너 대신 해 주다.

5

I didn't mean to + 동사.

: 일부러 ~한 건 아니야.

회화패턴문장

1 I didn't mean to do that.   일부러 그것을 한 건 아니야.

2 I didn't mean to be late.   일부러 늦은 건 아니야.

3 I didn't mean to say it like that.   일부러 그렇게 말한 것은 아니야.

4 I didn't mean to make you cry.   일부러 울게 하려고 한 건 아니야.

5 I didn't mean to hurt you.   일부러 상처 주려고 한 건 아니야.

6 I didn't mean to bother you.   일부러 방해하려고 한 건 아니야.

7 I didn't mean to pressure you.   일부러 부담 주려고 한 건 아니야.

8 I didn't mean to pretend.   일부러 그런 척한 건 아니야.

9 I didn't mean to ignore.   일부러 모른 척한 건 아니야.

10 I didn't mean to be rude.   일부러 무례하게 하려고 한 건 아니야.

TIP
- **say it like that** : 그렇게 말하다.
- **hurt you** : 너에게 상처를 주다.
- **bother you** : 너를 방해하다.
- **pressure you** : 너에게 부담을 주다.
- **pretend** : ~인 척하다.

6

That's what I meant to + 동사.

: 그게 내가 ~하려고 했던 거야.

회화패턴문장

1 That's what I meant to say.

그게 내가 말하려고 했던 거야.

2 That's what I meant to do.

그게 내가 하려고 했던 거야.

3 That's what I meant to suggest.

그게 내가 제안하려 했던 거야.

4 That's what I meant to change.

그게 내가 바꾸려고 했던 거야.

5 That's what I meant to ask you about.

그게 내가 물어보려 했던 거야.

6 That's what I meant to think about.

그게 내가 생각해 보려 했던 거야.

7 That's what I meant to tell him.

그게 내가 그에게 말하려고 했던 거야.

8 That's what I meant to order.

그게 내가 주문하려고 했던 거야.

9 That's what I meant to show you.

그게 내가 너에게 보여 주려고 했던 거야.

10 That's what I meant to write on my blog.

그게 내가 블로그에 적으려고 했던 거야.

TIP ▶ meant는 mean(의미하다)의 과거형으로 '의미했었다, 의도였었다'라는 의미로 알아 두면 편하다.
- mean - meant - meant

016 LET 동사

1

Let's + 동사
: ~하자.

회화패턴문장

1	Let's wait a few more minutes.	조금만 더 기다리자.
2	Let's stop joking around.	농담 그만 하자.
3	Let's take off.	자, 가자.
4	Let's chip in for pizza.	피자 살 돈 좀 모으자.
5	Let's grab a bite.	간단히 뭐 좀 먹자.
6	Let's stop for a beer.	가는 길에 맥주 한 잔 하자.
7	Let's split the bill.	각자 나눠서 내자.
8	Let's dig in.	자, 먹자.
9	Let's call it a day.	오늘은 그만하자.
10	Let's drop this.	잊어버리자.

TIP
- take off : 떠나다, 가다.
- grab a bite : 간단히 먹다.
- split the bill : 나누어 내다.
- dig in : 마구 먹다.
- call it a day : 그만하다.

- chip in : 모으다.
- stop for ~ : ~하러 들르다.

2

Let me + 동사

: ~해 볼게요.

회화패턴문장

1 **Let me** see.

어디 볼게요.

2 **Let me** check your reservation.

예약 확인해 볼게요.

3 **Let me** try on this coat.

이 코트 입어 볼게요.

4 **Let me** introduce myself.

제 소개를 해 볼게요.

5 **Let me** hear the story.

그 얘기 좀 해 줘요.

6 **Let me** use your car.

차 좀 쓸게요.

7 **Let me** give you some advice.

조언 좀 해 볼게요.

8 **Let me** think about it.

생각 좀 해 볼게요.

9 **Let me** tell you something.

무엇 좀 말해 볼게요.

10 **Let me** show you around the house.

집 구경 시켜 줄게요.

TIP
- **check your reservation** : 예약 확인하다.
- **try on this coat** : 이 코트를 입다.
- **introduce** : 소개하다.

3

Let me know + 명사/문장

: ~에 대해 알려 줘.

회화패턴문장

1 Let me know about your plans.　　　　당신의 계획에 대해서 알려 줘.

2 Let me know about your family.　　　　당신의 가족에 대해 알려 줘.

3 Let me know about your flight information.　비행 정보에 대해 알려 줘.

4 Let me know about your food preferences.　선호하는 음식에 대해 알려 줘.

5 Let me know when it's ready.　　　　　준비되면 알려 줘.

6 Let me know how you are.　　　　　잘 지내는지 알려 줘.

7 Let me know when you are available.　　언제 시간이 되는지 알려 줘.

8 Let me know when it's over.　　　　　언제 끝나는지 알려 줘.

9 Let me know when you arrive.　　　　언제 도착하는지 알려 줘.

10 Let me know if you will be late.　　　당신이 늦는지 알려 줘.

TIP　- **flight information** : 비행 정보
　　　- **food preferences** : 음식 선호
　　　- **available** : 유용한, 가능한
　　　- **it's over** : 끝나다.

4

I will let you know + 명사/문장
: ~를 알려 드릴게요.

회화패턴문장

1 I'll let you know in the morning.   아침에 알려 드릴게요.

2 I'll let you know my schedule.   제 일정 알려 드릴게요.

3 I'll let you know about my job.   제 직업에 대해 알려 드릴게요.

4 I'll let you know my address.   제 주소 알려 드릴게요.

5 I'll let you know where the subway map is.
지하철 노선도가 어디 있는지를 알려 드릴게요.

6 I'll let you know before I leave.   제가 떠나기 전에 알려 드릴게요.

7 I'll let you know what was decided.   무엇이 결정되었는지 알려 드릴게요.

8 I'll let you know when I get there.   그곳에 도착해서 알려 드릴게요.

9 I'll let you know when it's done.   끝나면 알려 드릴게요.

10 I'll let you know how it goes.   어떻게 되어 가는지 알려 드릴게요.

5

Let me see

: 가만있자 / ~ 좀 볼게요.

회화패턴문장

1 Let me see, we are here!   가만있자, 다 왔네!

2 Let me see, I got it!   가만있자, 알았다!

3 Let me see, how old are you now?   가만있자, 지금 너 몇 살이지?

4 Let me see, how did we do this?   가만있자, 이걸 어떻게 하더라?

5 Let me see, what time were we supposed to meet?
가만있자, 몇 시에 만나기로 했더라?

6 Let me see if it's okay or not.   괜찮은지 확인해 볼게.

7 Let me see how long it will take.   얼마나 걸리는지 볼게요.

8 Let me see what I can do.   제가 할 수 있는 게 먼지 볼게요.

9 Let me see if he is available.   그가 시간 있는지 볼게요.

10 Let me see if we have your size.   당신에게 맞는 사이즈가 있는지 볼게요.

MEMO

가장 많이 쓰는
조동사
회화 패턴

가장 많이 쓰는 동사 회화 패턴 · WANT 동사 I want some coffee. BE 동사 I am going to make it. THINK 동사 I think that he is right. LIKE 동사 I like your suit. LOOK 동사 You look good. FEEL 동사 I feel hot. SOUND 동사 It sounds like fun. SEEM 동사 It seems like yesterday. WONDER 동사 I wonder why he is late. NEED 동사 I need a hand. MIND 동사 Do you mind opening the window? THANK 동사 Thank you for your lunch. CARE 동사 He cares about you. KNOW 동사 I know you care for me. MEAN 동사 I mean, I'm sorry. LET 동사 Let's wait a few more minutes. 가장 많이 쓰는 조동사 회화 패턴 · CAN 조동사 Can I get a drink? HAVE TO 조동사 You have to change your job. SHOULD 조동사 You should speak to her. HAD BETTER · WOULD RATHER 조동사 You'd better go a model. 가장 많이 쓰는 형용사 회화 패턴 · SORRY 형용사 I'm sorry about the mess. HAPPY 형용사 I'm happy with my job. SURE 형용사 I am sure that you are right. 일반 형용사 I'm so glad to see you. 가장 많이 쓰는 전치사 회화 패턴 · IN 전치사 I'm in a hurry. ON 전치사 I'm on the phone. 가장 많이 쓰는 부정문 회화 패턴 · CAN'T 부정문 I can't believe you said that. NEVER 부정문 I never eat cheese. DON'T 부정명령문 부정의문문 Don't be so sad. 가장 많이 쓰는 의문사 회화 패턴 · WHAT 의문사 What happened to him? HOW 의문사 How was your blind date? WHY 의문사 Why do you like it so much? WHO 의문사 Who is your advisor? WHEN 의문사 When did you have a meal? WHERE 의문사 Where can I find the restroom? WHICH 의문사 Which way is the post office? 가장 많이 쓰는 일반 의문문 회화 패턴 · WOULD YOU 의문문 Would you leave for a moment? 가장 많이 쓰는 완료문 회화 패턴 · HAVE · I.P 완료문 I have done it. HAVE · YOU 의문문 Have you heard this song before? 가장 많이 쓰는 가정법문 회화 패턴 · IF 가정문 If you have any question, please ask me now. 가장 많이 쓰는 THERE 회화 패턴 · THERE + BE동사 There are so many choices. THERE + 조동사 / 의문조사 There must be a solution. IS THERE 의문문 Is there any help? 가장 많이 쓰는 가주어 회화 패턴 · IT IS It's like summer. THAT IS That's why I'm here

1

Can I get + 명사 ?

: ~ 주실래요?

회화패턴문장

1 Can I get a drink?   음료수 좀 주실래요?

2 Can I get some coffee?   커피 좀 주실래요?

3 Can I get your phone number?   전화번호 좀 주실래요?

4 Can I get a wake-up call?   모닝콜 좀 주실래요?

5 Can I get a ride home?   집에 태워다 주실래요?

6 Can I get a cab?   택시 잡아 주실래요?

7 Can I get a discount?   할인 좀 해 주실래요?

8 Can I get my money back?   제 돈 돌려주실래요?

9 Can I get a seat next to the window?   창가 옆 자리로 주실래요?

10 Can I get a copy of your ID?   신분증 복사본 좀 주실래요?

TIP
- **a ride home** : 집에 태워 주기
- **a cab** : 택시
- **a discount** : 할인
- **get money back** : 돈을 돌려주다.
- **a copy** : 복사본

2

Can I get you + 명사 ?

: ~ 드릴까요?

회화패턴문장

1 **Can I get you** a drink? | 음료수 한 잔 드릴까요?

2 **Can I get you** another drink? | 마실 거 더 드릴까요?

3 **Can I get you** something to eat? | 먹을 거 좀 드릴까요?

4 **Can I get you** anything else? | 그 밖에 다른 거 드릴까요?

5 **Can I get you** some ice? | 얼음 드릴까요?

6 **Can I get you** a receipt? | 영수증 드릴까요?

7 **Can I get you** a spoon? | 숟가락 드릴까요?

8 **Can I get you** something? | 뭐 좀 드릴까요?

9 **Can I get you** some snacks? | 간식 좀 드릴까요?

10 **Can I get you** a bite to eat? | 간단히 드실 수 있는 거 좀 드릴까요?

> **TIP**
> - **a receipt** : 영수증
> - **some snack** : 간식
> - **a bite to eat** : 요기, 간단히 먹을 것

3

Can I have + 명사 ?

: ~ 있을까요?

회화패턴문장

1 **Can I have** the check?   제가 수표 좀 받을 수 있을까요?

2 **Can I have** a talk with you?   제가 당신과 대화할 수 있을까요?

3 **Can I have** a look at this newspaper?   제가 이 신문 볼 수 있을까요?

4 **Can I have** a break?   제가 휴식 시간을 가질 수 있을까요?

5 **Can I have** breakfast in bed?   제가 침대에서 아침 먹을 수 있을까요?

6 **Can I have** your attention?   제가 당신의 관심 좀 받을 수 있을까요?

7 **Can I have** a raise in my salary?   제가 월급 인상 좀 받을 수 있을까요?

8 **Can I have** a word with you?   제가 당신과 얘기 좀 나눌 수 있을까요?

9 **Can I have** your name and address?   제가 당신 이름과 주소를 알 수 있을까요?

10 **Can I have** something to eat and drink?   제가 마실 거랑 먹을 거 좀 주실 수 있을까요?

TIP
- **the check** : 수표
- **have a talk** : 대화하다.
- **have a break** : 휴식을 갖다.
- **attention** : 관심, 주목

4

Can I take + 명사 ?

: ~ 있을까요?

회화패턴문장

1 Can I take you home? 제가 당신을 집으로 데려갈 수 있을까요?

2 Can I take my pet to work today? 오늘 회사에 애완동물 데리고 갈 수 있을까요?

3 Can I take this drawing with me? 이 그림 가지고 갈 수 있을까요?

4 Can I take the leftover food? 남은 음식 가지고 갈 수 있을까요?

5 Can I take a nap? 낮잠 잘 수 있을까요?

6 Can I take a look? 제가 좀 볼 수 있을까요?

7 Can I take a break for a while? 잠시 좀 쉴 수 있을까요?

8 Can I take your picture? 제가 당신 사진을 찍을 수 있을까요?

9 Can I take a message? 제가 메모 남겨 드릴까요?

10 Can I take my jacket off? 외투 좀 벗을 수 있을까요?

TIP
- **this drawing** : 이 그림
- **the leftover food** : 남은 음식
- **take a nap** : 낮잠 자다.
- **take a look** : 잠시 보다.
- **take a message** : 메모 받다.

5

Can I ask + 명사/문장 ?
: ~ 물어 볼 수 있을까요? / ~ 부탁할 수 있을까요?

회화패턴문장

1 Can I ask you something?   내가 뭐 좀 물어볼 수 있을까?

2 Can I ask you a quick question?   간단한 질문 좀 물어볼 수 있을까?

3 Can I ask why you are crying?   왜 울고 있는지 물어볼 수 있을까?

4 Can I ask why you need my help?   내 도움이 왜 필요한지 알 수 있을까?

5 Can I ask where you came from?   어디서 왔는지 물어볼 수 있을까?

6 Can I ask a favor?   내가 부탁할 수 있을까?

7 Can I ask her to dance with me?   그녀에게 같이 춤추자고 부탁할 수 있을까?

8 Can I ask you to think about it?   내가 그거 생각해 보라고 부탁할 수 있을까?

9 Can I ask you to come with me?   내가 나랑 같이 가자고 부탁할 수 있을까?

10 Can I ask you to introduce yourself?   내가 너를 소개해 달라고 부탁할 수 있을까?

TIP
- **a quick question** : 간단한 질문
- **introduce yourself** : 너를 소개하다.

6

Can you get me + 명사 ?

: ~ 좀 주실래요?

회화패턴문장

1 Can you get me some water?　　　물 좀 주실래요?

2 Can you get me a newspaper?　　　신문 좀 주실래요?

3 Can you get me a spoon?　　　숟가락 좀 주실래요?

4 Can you get me something to eat?　　　먹을 거 좀 주실래요?

5 Can you get me her phone number?　　　그녀의 전화번호 좀 주실래요?

6 Can you get me something from the store?　　　가게에서 뭐 좀 가져다주실래요?

7 Can you get me a doctor right away?　　　의사 좀 불러 주실래요?

8 Can you get me double the amount?　　　두 배로 주실래요?

9 Can you get me a cab?　　　택시 좀 불러 주실래요?

10 Can you get me a discount?　　　할인 좀 해 주실래요?

TIP
- **double** : 두 배
- **the amount** : 양

7 **Can you bring** + 명사/사람?, 사람 + 명사?
: ~ 가지고(~ 데리고) 오실래요?

회화패턴문장

1 **Can you bring** the files over here?　　파일 여기로 가지고 오실래요?

2 **Can you bring** it to the class?　　수업에 가지고 오실래요?

3 **Can you bring** my stuff?　　제 것 좀 가지고 오실래요?

4 **Can you bring** me your paper?　　리포트 가지고 오실래요?

5 **Can you bring** me the check please?　　계산서 가지고 오실래요?

6 **Can you bring** her here?　　그녀를 여기에 데리고 오실래요?

7 **Can you bring** my father back here?　　아버지 좀 다시 모시고 오실래요?

8 **Can you bring** her to me?　　그녀를 저에게 데리고 오실래요?

9 **Can you bring** him to the airport?　　그를 공항에 데리고 오실래요?

10 **Can you bring** your friend to the party?　　당신 친구를 파티에 좀 데리고 오실래요?

> **TIP**　- **bring** : (물건을) 가지고 오다, (사람을) 모시고 오다.
> 　　　- **stuff** : 것, 물건

8 **Can you help me** + 동사? / with + 명사?
: ~하는 거 도와줄래?

회화패턴문장

1 Can you help me carry the baggage? | 내가 짐 나르는 거 도와줄래?

2 Can you help me find the cab stand? | 택시 승강장 찾는 거 도와줄래?

3 Can you help me do the dishes? | 내가 설거지하는 거 도와줄래?

4 Can you help me wash the car? | 내가 세차하는 거 도와줄래?

5 Can you help me move this table? | 내가 이 테이블 옮기는 거 도와줄래?

6 Can you help me put this shoe on? | 내가 이 신발 신는 거 좀 도와줄래?

7 Can you help me with mine? | 내가 내 것 하는 거 도와줄래?

8 Can you help me with this problem? | 내가 이 문제 푸는 거 도와줄래?

9 Can you help me with my luggage? | 내가 내 짐 드는 거 좀 도와줄래?

10 Can you help me with the meat? | 내가 이 고기 요리하는 거 좀 도와줄래?

TIP
- **carry** : 짐을 나르다
- **the cab stand** : 택시 승강장
- **wash the car** : 세차하다.
- **move** : 움직이다, 옮기다.

9

Can you tell me + 명사/문장?

: ~ 말해 줄래요?

회화패턴문장

1 Can you tell me about your hobby?　　당신 취미 생활에 대해 말해 줄래요?

2 Can you tell me about yourself?　　당신에 대해서 좀 말해 줄래요?

3 Can you tell me the time?　　몇 시인지 좀 말해 줄래요?

4 Can you tell me the way to the airport?　　공항 가는 길 좀 말해 줄래요?

5 Can you tell me the way to get there?　　거기 가는 길 좀 말해 줄래요?

6 Can you tell me what to do?　　무엇을 해야 하는지 말해 줄래요?

7 Can you tell me where to get off?　　어디서 내려야 하는지 말해 줄래요?

8 Can you tell me how to get to the station?　　어떻게 역으로 가는지 말해 줄래요?

9 Can you tell me where the restroom is?　　화장실이 어딘지 말해 줄래요?

10 Can you tell me what I've missed?　　내가 놓친 게 뭔지 말해 줄래요?

TIP
- **how to get there** : 거기 가는 법
- **what to do** : 해야 할 것
- **where to get off** : 내려야 할 곳
- **what I've missed** : 내가 놓친 것

10

Can you show me + 명사/문장?

: ~ 보여 줄래요? / ~ 알려 줄래요?

회화패턴문장

1 Can you show me the menu? | 메뉴판 보여 줄래요?

2 Can you show me your ID? | 신분증 좀 보여 줄래요?

3 Can you show me a sample? | 샘플 좀 보여 줄래요?

4 Can you show me the way to the station? | 역으로 가는 길을 알려 줄래요?

5 Can you show me the way to the supermarket?
슈퍼로 가는 길 좀 알려 줄래요?

6 Can you show me how to install this? | 이거 어떻게 설치하는지 알려 줄래요?

7 Can you show me how to find books? | 책 어떻게 찾는지 알려 줄래요?

8 Can you show me where to buy the tickets? | 표 어디서 사는지 알려 줄래요?

9 Can you show me where the station is? | 역이 어디 있는지 알려 줄래요?

10 Can you show me where you left your book? | 책 어디에 뒀는지 알려 줄래요?

11

Can you explain why + 문장?

: 왜 ~한지 설명해 주실래요?

회화패턴문장

1 Can you explain why you like it? 왜 그걸 좋아하는지 설명해 주실래요?

2 Can you explain why you did so? 왜 그렇게 했는지 설명해 주실래요?

3 Can you explain why it doesn't work? 왜 작동 안 하는지 설명해 주실래요?

4 Can you explain why I am wrong? 왜 내가 틀린 건지 설명해 주실래요?

5 Can you explain why you are late? 왜 늦은 건지 설명해 주실래요?

6 Can you explain why you are mad at her? 왜 그녀에게 화난 건지 설명해 주실래요?

7 Can you explain why you thought so? 왜 그렇게 생각했는지 설명해 주실래요?

8 Can you explain why she is here? 왜 그녀가 여기 있는지 설명해 주실래요?

9 Can you explain why it's broken? 왜 이게 고장 났는지 설명해 주실래요?

10 Can you explain why the power is out? 왜 전기가 나갔는지 설명해 주실래요?

TIP
- **it doesn't work** : 작동하지 않다.
- **it is broken** : 고장 나다.
- **the power is out** : 전기가 나가다.

$$1$$

have to	+ 동사 ?

: ~ 해야 해.

회화패턴문장

1 You **have to** change your job.   너는 직업을 바꿔야 해.

2 We **have to** make a plan.   우리 계획을 세워야 해.

3 You **have to** wait for him.   너는 그를 기다려야 해.

4 We **have to** keep our secret.   우리 비밀을 지켜야 해.

5 I **have to** make money.   나 돈 벌어야 해.

6 I **have to** wash my hands.   손 씻어야 해.

7 I **have to** give in to my brother.   동생에게 양보해야 해.

8 I **have to** follow the traffic lights.   신호등을 잘 지켜야 해.

9 You **have to** wait for your turn.   네 차례를 기다려야 해.

10 We **have to** leave soon.   우리 곧 출발해야 해.

TIP
- **change your job** : 직업을 바꾸다.
- **make a plan** : 계획을 세우다.
- **keep our secret** : 우리의 비밀을 지키다.
- **give in to ~** : ~에 양보하다.
- **your turn** : 너의 순서

2   **I got to** + 동사 : 바로 ~해야 해.
gotta

회화패턴문장

1 I got to go to work.   바로 일하러 가야 해.

2 I got to get out of here.   바로 여기서 나가야 해.

3 I got to call her.   바로 그녀에게 전화해야 해.

4 I got to go now.   바로 가야 해. / 바로 끊어야 해.

5 I got to take a break.   바로 쉬어야 해.

6 I got to get on the bus.   바로 버스 타러 가야 해.

7 I got to sleep right now.   바로 자야 해.

8 I got to book it on the internet.   바로 인터넷에서 예약해야 해.

9 I got to tell you something.   바로 너에게 뭔가를 말해야 해.

10 I got to start the meeting right now.   바로 회의 시작해야 해.

TIP
- **get on the bus** : 버스를 타다.
- **right now** : 바로 지금
- **on the internet** : 인터넷에서

3   **don't have to** + 동사 : ~할 필요 없어.

회화패턴문장

1 You **don't have to** do that.   그렇게 할 필요 없어.

2 You **don't have to** work too hard.   너무 열심히 할 필요 없어.

3 You **don't have to** buy two.   2개나 살 필요 없어.

4 You **don't have to** eat breakfast.   아침을 꼭 먹을 필요 없어.

5 You **don't have to** go there.   거기 갈 필요 없어.

6 You **don't have to** pay for this.   이거 살 필요 없어.

7 You **don't have to** stay here.   여기 있을 필요 없어.

8 You **don't have to** go to work today.   오늘 회사 갈 필요 없어.

9 You **don't have to** work night shifts.   야간 근무 할 필요 없어.

10 You **don't have to** watch the baby.   아기 볼 필요 없어.

> **TIP**
> - **pay for ~** : ~ 지불하다.
> - **work night shifts** : 야간 근무 하다.
> - **watch the baby** : 아이를 보다.

4 　Do I have to + 동사?

: 내가 ~해야 해?

회화패턴문장

1 Do I have to tell you this?　내가 이거 너한테 말해야 해?

2 Do I have to ask for this?　내가 이거 부탁해야 해?

3 Do I have to get off here?　내가 여기서 내려야 해?

4 Do I have to wear a tie?　내가 넥타이를 매야 해?

5 Do I have to wear a uniform?　내가 유니폼 입어야 해?

6 Do I have to leave my number?　내 번호 남겨야 해?

7 Do I have to finish everything?　내가 다 마무리해야 해?

8 Do I have to pay interest?　내가 이자를 지불해야 해?

9 Do I have to stand this?　내가 이걸 참아야 해?

10 Do I have to apologize to her?　내가 그녀에게 사과해야 해?

> **TIP**
> - **ask for ~** : ~ 부탁하다.
> - **wear a uniform** : 유니폼을 입다.
> - **stand this** : 이것을 참다.
> - **wear a tie** : 넥타이를 매다.
> - **pay interest** : 이자를 지불하다.
> - **apologize to ~** : ~에게 사과하다.

5

What do I have to + 동사?

: 내가 무엇을 ~해야 해?

회화패턴문장

1 What do I have to do? 　　　　내가 무엇을 해야 해?

2 What do I have to eat? 　　　　내가 무엇을 먹어야 해?

3 What do I have to know? 　　　　내가 무엇을 알아야 해?

4 What do I have to tell you? 　　　　내가 무엇을 너에게 말해야 해?

5 What do I have to think of? 　　　　내가 무엇을 생각해야 해?

6 What do I have to listen to? 　　　　내가 무엇을 들어 봐야 해?

7 What do I have to do with this? 　　　　내가 이것으로 무엇을 해야 해?

8 What do I have to do without you? 　　　　내가 너 없이 무엇을 해야 해?

9 What do I have to bring to the party? 　　　　내가 파티에 무엇을 가지고 가야 해?

10 What do I have to get you for your birthday? 　　　　내가 네 생일에 무엇을 사 줘야 해?

TIP　► Do I have to ~ : 내가 ~해야 해?
　► What do I have to ~ : 내가 무엇을 해야 해?
　- think of ~ : ~를 생각하다.
　- listen to ~ : ~를 듣다.

6

be going to have to + 동사?

: ~해야 할 거야.

회화패턴문장

1 I am going to have to hurry up. 나 서둘러야 할 거야.

2 I am going to have to stay up all night. 나 오늘 밤새워야 할 거야.

3 I am going to have to drop a class. 나 수강 신청 취소해야 할 거야.

4 I am going to have to go home early today. 나 오늘 집에 일찍 가야 할 거야.

5 I am going to have to go to the emergency room.
나 응급실에 가야 할 거야.

6 I am going to have to study for the test. 나 시험공부 해야 할 거야.

7 I am going to have to stop eating. 나 이제 그만 먹어야 할 거야.

8 I am going to have to live with them. 나 그들과 함께 살아야 할 거야.

9 You are going to have to leave him. 너 그를 떠나야 할 거야.

10 You are going to have to stop smoking. 너 담배 끊어야 할 거야.

1 You should + 동사
: ~해야 해.

회화패턴문장

1 You should speak to her. · 그녀에게 말해야 해.

2 You should stop smoking. · 담배 끊어야 해.

3 You should drink lots of water. · 많은 물을 마셔야 해.

4 You should wait here. · 여기서 기다려야 해

5 You should bring your umbrella. · 우산 가져와야 해.

6 You should train your dog. · 당신 강아지 조련해야 해.

7 You should be back to the office by five. · 5시까지 사무실로 돌아와야 해.

8 You should be thankful to him. · 그에게 고마워해야 해.

9 You should put your family first. · 가족부터 먼저 생각해야 해.

10 You should stay in a safe area. · 안전한 장소에 있어야 해.

TIP
- **lots of** : 많은
- **train** : 조련하다.
- **be back to ~** : ~로 돌아오다.

2 You should not + 동사
: ~하면 안 돼.

회화패턴문장

1 You shouldn't do this.　　　이러면 안 돼.

2 You shouldn't overeat.　　　과식하면 안 돼.

3 You shouldn't worry about it.　　그것에 대해 걱정하면 안 돼.

4 You shouldn't say it that way.　　그런 식으로 말하면 안 돼.

5 You shouldn't drive so fast.　　과속하면 안 돼.

6 You shouldn't talk back.　　말대꾸하면 안 돼.

7 You shouldn't talk to a stranger.　　낯선 사람하고 얘기하면 안 돼.

8 You shouldn't leave the food like this.　음식 이렇게 남기면 안 돼.

9 You shouldn't break the promise.　약속을 어기면 안 돼.

10 You shouldn't text in class.　수업 시간에 문자 보내면 안 돼.

> **TIP**
> - **overeat** : 과식하다.
> - **that way** : 그런 식으로
> - **talk back** : 말대꾸하다.
> - **break the promise** : 약속을 어기다.
> - **text** : 문자를 보내다.

3

I should have + 동사완료형

: ~할 걸 그랬어.

회화패턴문장

1 I should have asked you first.　　너한테 먼저 물어볼걸 그랬어.

2 I should have been more considerate.　　좀 더 신중할걸 그랬어.

3 I should have known earlier.　　일찍 알걸 그랬어.

4 I should have taken a picture.　　사진 찍어 놓을걸 그랬어.

5 I should have given it to mom.　　엄마에게 드릴걸 그랬어.

6 I should have been more careful.　　더 조심할걸 그랬어.

7 I should have checked in advance.　　미리 확인할걸 그랬어.

8 I should have called you.　　너에게 전화할 걸 그랬어.

9 I should have locked the door.　　문을 잠글걸 그랬어.

10 I should have done the work.　　그 일을 해 놓을걸 그랬어.

TIP
- **considerate** : 신중한
- **earlier** : 더 일찍
- **in advance** : 미리
- **lock the door** : 문을 잠그다.

4

You should try to + 동사

: ~하도록 해.

회화패턴문장

1 **You should try to** be on time.   제시간에 오도록 해.

2 **You should try to** do your best.   최선을 다하도록 해.

3 **You should try to** study hard.   공부 열심히 하도록 해.

4 **You should try to** listen more carefully.   좀 잘 들으려고 하도록 해.

5 **You should try to** be more careful.   좀 더 신중하도록 해.

6 **You should try to** meet the deadline.   마감을 지키도록 해.

7 **You should try to** quit smoking.   금연을 하도록 해.

8 **You should try to** control your feelings.   네 감정을 조절하도록 해.

9 **You should try to** do it on your own.   스스로 해 보도록 해.

10 **You should try to** think before you speak.   말하기 전에 생각하도록 해.

> **TIP**
> - **do your best** : 최선을 다하다.
> - **meet the deadline** : 마감을 지키다.
> - **control your feelings** : 감정을 조절하다.

5 **What should I** + 동사 ?
: 무엇을 해야 하지?

회화패턴문장

1 **What should I** do? 무엇을 해야 하지?

2 **What should I** say? 무엇을 말해야 하지?

3 **What should I** wear? 무엇을 입어야 하지?

4 **What should I** tell him? 그에게 무엇을 얘기하면 되지?

5 **What should I** ask for? 무엇을 해 달라고 하지?

6 **What should I** order for lunch? 점심에 무엇을 주문해야 하지?

7 **What should I** look for? 무엇을 찾아야 하지?

8 **What should I** study? 무엇을 공부해야 하지?

9 **What should I** have for snack? 간식으로 무엇을 먹지?

10 **What should I** do from now on? 앞으로 무엇을 해야 하지?

TIP - from now on : 앞으로, 지금부터

HAD BETTER / WOULD RATHER 조동사

1

You had better + 동사

: ~하는 게 낫겠어.

회화패턴문장

1 **You'd better** be careful. | 조심하는 게 낫겠어.

2 **You'd better** wear a coat. | 코트 입는 게 낫겠어.

3 **You'd better** take my advice. | 내 조언을 듣는 게 낫겠어.

4 **You'd better** take it easy. | 좀 진정하는 게 낫겠어.

5 **You'd better** think before you speak. | 생각하고 말하는 게 낫겠어.

6 **You'd better** take a break. | 좀 쉬는 게 낫겠어.

7 **You'd better** turn off the gas. | 가스를 끄는 게 낫겠어.

8 **You'd better** refund all these. | 이거 다 환불하는 게 낫겠어.

9 **You'd better** ask his permission. | 그의 허락을 받는 게 낫겠어.

10 **You'd better** stay right here. | 바로 여기 있는 게 낫겠어.

TIP
- **take my advice** : 내 조언을 듣다.
- **take it easy** : 진정하다.
- **turn off** : (전기/수도/가스 등을) 끄다.
- **refund** : 환불하다. / **get a refund** : 환불받다
- **permission** : 허가

2

We had better + 동사

: 우리 ~하는 게 낫겠어.

회화패턴문장

1 **We'd better** hurry up. | 우리 서두르는 게 낫겠어.

2 **We'd better** break up. | 우리 헤어지는 게 낫겠어.

3 **We'd better** go together. | 우리 같이 가 보는 게 낫겠어.

4 **We'd better** start again. | 우리 다시 시작하는 게 낫겠어.

5 **We'd better** take the bus. | 우리 버스를 타는 게 낫겠어.

6 **We'd better** call the police. | 우리 경찰 부르는 게 낫겠어.

7 **We'd better** ask for help. | 우리 도움 요청하는 게 낫겠어.

8 **We'd better** go home early. | 우리 집에 일찍 들어가는 게 낫겠어.

9 **We'd better** find a solution. | 우리 해결책을 찾는 게 낫겠어.

10 **We'd better** listen to the teacher. | 우리 선생님 말을 듣는 게 낫겠어.

TIP
- **hurry up** : 서두르다.
- **break up** : 헤어지다.
- **find a solution** : 해결책을 찾다.

3

You had better not + 동사

: ~하지 않는 게 낫겠어.

회화패턴문장

1 You'd better not do that again.　　다시는 안 그러는 게 낫겠어.

2 You'd better not follow his advice.　그의 조언을 따르지 않는 게 낫겠어.

3 You'd better not tell him.　　　　그에게 말하지 않는 게 낫겠어.

4 You'd better not drink any more.　더 이상 마시지 않는 게 낫겠어.

5 You'd better not talk.　　　　　입 다물고 있는 게 낫겠어.

6 You'd better not play a game.　게임을 하지 않는 게 낫겠어.

7 You'd better not call him.　　　그에게 연락하지 않는 게 낫겠어.

8 You'd better not cook.　　　　요리를 하지 않는 게 낫겠어.

9 You'd better not be late.　　　늦지 않는 게 낫겠어.

10 You'd better not drive anymore.　다시는 운전하지 않는 게 낫겠어.

TIP – follow one's advice : 조언을 따르다.

4

I would rather + 동사

: 차라리 ~하는 게 낫겠어.

회화패턴문장

1 I'd rather live in the country.   차라리 시골에서 사는 게 낫겠어.

2 I'd rather tell the truth.   차라리 진실을 말하는 게 낫겠어.

3 I'd rather stay home today.   차라리 오늘 집에 있는 게 낫겠어.

4 I'd rather leave now.   차라리 지금 떠나는 게 낫겠어.

5 I'd rather travel alone.   차라리 혼자 여행하는 게 낫겠어.

6 I'd rather not go.   차라리 가지 않는 게 낫겠어.

7 I'd rather not attend the party.   차라리 파티에 참석하지 않는 게 낫겠어.

8 I'd rather not have so much meat.   차라리 너무 많은 고기는 먹지 않는 게 낫겠어.

9 I'd rather not go inside.   차라리 들어가지 않는 게 낫겠어.

10 I'd rather not know.   차라리 모르는 게 낫겠어.

TIP
- stay home : 집에 머무르다.
- attend the party : 파티에 참석하다.

5

I would rather A than B
: B보다는 A가 더 낫겠어.

회화패턴문장

1 I'd rather listen than talk. | 말하는 것보다는 듣는 게 더 낫겠어.

2 I'd rather walk than run. | 뛰는 것보다는 걷는 게 더 낫겠어.

3 I'd rather drive than fly. | 비행기 타는 것보다는 운전해서 가는 게 더 낫겠어.

4 I'd rather have tea than coffee. | 커피보다는 차가 더 낫겠어.

5 I'd rather eat pizza than a hamburger. | 햄버거보다는 피자가 더 낫겠어.

6 I'd rather watch movies than dramas. | 드라마보다는 영화가 더 낫겠어.

7 I'd rather eat ice cream than cookies. | 과자보다는 아이스크림이 더 낫겠어.

8 I'd rather listen to hip hop than ballads. | 발라드보다는 힙합이 더 낫겠어.

9 I'd rather be fat than skinny. | 마른 것보다는 뚱뚱한 게 더 낫겠어.

10 I'd rather be dead than away from you. | 당신과 떨어지는 것보다는 죽는 게 더 낫겠어.

TIP
- hip hop : 힙합
- ballads : 발라드 음악
- noisy : 시끌벅적한

MEMO

가장 많이 쓰는
형용사
회화 패턴

SORRY 형용사

1 **I am sorry about** + 명사
: ~해서 미안해.

회화패턴문장

1 I'm sorry about the mess.   어질러서 미안해.

2 I'm sorry about the misunderstanding.   오해해서 미안해.

3 I'm sorry about the delay.   지체해서 미안해.

4 I'm sorry about the other day.   그때 일은 미안했어.

5 I'm sorry about the short notice.   너무 촉박하게 알려 줘서 미안해.

6 I'm sorry about last time.   지난번 일은 미안해.

7 I'm sorry about bothering you.   널 괴롭게 해서 미안해.

8 I'm sorry about ignoring you.   널 무시해서 미안해.

9 I'm sorry about teasing you.   널 놀려서 미안해.

10 I'm sorry about confusing you.   널 혼란스럽게 해서 미안해.

TIP
- mess : 어지러움, 혼란
- misunderstanding : 오해
- delay : 지연, 지체
- the other day : 지난번에
- short notice : 촉박한 통보

2

I feel sorry for + 명사
: ~ 안됐어.

회화패턴문장

1 I feel sorry for you. | 너 안됐어.

2 I feel sorry for the homeless. | 노숙자들이 안됐어.

3 I feel sorry for her family. | 그녀의 가족들이 안됐어.

4 I feel sorry for my mother. | 엄마가 안됐어.

5 I feel sorry for the orphans. | 고아들이 안됐어.

6 I feel sorry for the victim. | 피해자가 안됐어.

7 I feel sorry for the little boy outside. | 밖에 있는 아이가 안됐어.

8 I feel sorry for myself. | 내 자신이 안됐어.

9 I feel sorry for the driver. | 운전자가 안됐어.

10 I feel sorry for his wife and children. | 그의 부인과 아이들이 안됐어.

TIP	– the homeless : 노숙자
	– orphan : 고아
	– victim : 희생자

3

I am sorry to + 동사
: ~해서 미안해.

회화패턴문장

1 I'm sorry to be so late.   너무 늦어서 미안해.

2 I'm sorry to have been noisy.   시끄럽게 굴어서 미안해.

3 I'm sorry to have been selfish.   제멋대로 굴어서 미안해.

4 I'm sorry to be so rude.   너무 무례하게 굴어서 미안해.

5 I'm sorry to bother you.   귀찮게 해서 미안해.

6 I'm sorry to disturb you.   방해해서 미안해.

7 I'm sorry to disappoint you.   실망시켜서 미안해.

8 I'm sorry to reply late.   답장을 늦게 해서 미안해.

9 I'm sorry to wake you up.   깨워서 미안해.

10 I'm sorry to keep you waiting.   기다리게 해서 미안해.

TIP	
- **selfish** : 이기적인	- **rude** : 무례한
- **disturb** : 방해하다.	- **disappoint** : 실망시키다.
- **reply** : 답장하다.	- **keep** + 사람 + ~ing : 누구를 계속 ~하게 하다

4

I am sorry to hear that + 문장
: ~하다니 유감이에요.

회화패턴문장

1 I'm sorry to hear that you lost your job.　　직장을 잃었다니 유감이에요.

2 I'm sorry to hear that you have been ill.　　아프셨다니 유감이에요.

3 I'm sorry to hear that you are leaving town.　　이사를 가신다니 유감이에요.

4 I'm sorry to hear that you hurt your knees.　　무릎을 다쳤다니 유감이에요.

5 I'm sorry to hear that we cannot meet.　　볼 수 없다니 유감이에요.

6 I'm sorry to hear that you cannot talk to him.
그와 이야기할 수 없다니 유감이에요.

7 I'm sorry to hear that you broke up with her.
그녀와 헤어졌다니 유감이에요.

8 I'm sorry to hear that the deal didn't go through.
거래가 성사되지 않아 유감이에요.

9 I'm sorry to hear that you have been laid off.　　정리해고 당하셨다니 유감이에요.

10 I'm sorry to hear that you can't join us tonight.
오늘 밤에 못 오신다니 유감이에요.

5

I am sorry to say that + 문장

: 알려 드리게 돼서 유감이지만, ~입니다.

회화패턴문장

1
I'm sorry to say that you failed the test.
알려 드리게 돼서 유감이지만, 낙방하셨습니다.

2
I'm sorry to say that you didn't get accepted.
알려 드리게 돼서 유감이지만, 불합격입니다.

3
I'm sorry to say that you are wrong.
알려 드리게 돼서 유감이지만, 당신이 틀렸습니다.

4
I'm sorry to say that I have some bad news.
알려 드리게 돼서 유감이지만, 나쁜 소식이 있습니다.

5
I'm sorry to say that I can't go there.
알려 드리게 돼서 유감이지만, 거기에 갈 수가 없습니다.

6
I am sorry to say that there was an accident.
알려 드리게 돼서 유감이지만, 사고가 있었습니다.

7
I am sorry to say that it has been canceled.
알려 드리게 돼서 유감이지만, 취소되었습니다.

8
I am sorry to say that you have to pay for the penalty.
알려 드리게 돼서 유감이지만, 벌금을 내셔야 합니다.

9
I am sorry to say that we are out of business starting today.
알려 드리게 돼서 유감이지만, 오늘부터 폐업합니다.

10
I am sorry to say that I found another job.
알려 드리게 돼서 유감이지만, 다른 직장을 구했습니다.

6

Sorry for not + 명사형(~ing)

: ~하지 못해서 미안해.

회화패턴문장

1 **Sorry for not** calling you back.　　다시 전화 못 해서 미안해.

2 **Sorry for not** being on time.　　제때에 못 와서 미안해.

3 **Sorry for not** keeping my promise.　　약속 못 지켜서 미안해.

4 **Sorry for not** waiting for you.　　기다리지 못해서 미안해.

5 **Sorry for not** helping you out.　　도와주지 못해서 미안해.

6 **Sorry for not** inviting you.　　초대하지 못해서 미안해.

7 **Sorry for not** answering your questions.　　질문에 대답하지 못해 미안해.

8 **Sorry for not** taking care of you.　　아껴 주지 못해서 미안해.

9 **Sorry for not** telling you in advance.　　미리 말해 주지 못해서 미안해.

10 **Sorry for not** accepting your offer.　　네 제안을 받아들이지 못해서 미안해.

TIP ‑ **call you back** : 너에게 다시 전화하다.
　　　 ‑ **accept your offer** : 당신의 제안을 받아들이다.

7

I'm sorry I can't + 동사

: ~할 수 없어서 죄송합니다.

회화패턴문장

1 I'm sorry I can't help you. | 당신을 도와줄 수 없어서 죄송합니다.

2 I'm sorry I can't join you. | 함께 갈 수 없어서 죄송합니다.

3 I'm sorry I can't accept your invitation. | 초대에 응하지 못해서 죄송합니다.

4 I'm sorry I can't be with you. | 당신과 함께하지 못해서 죄송합니다.

5 I'm sorry I can't talk long. | 오래 통화하지 못해서 죄송합니다.

6 I'm sorry I can't take your offer. | 당신의 제안에 함께할 수 없어서 죄송합니다.

7 I'm sorry I can't give you good news. | 좋은 소식을 드릴 수 없어서 죄송합니다.

8 I'm sorry I can't take you home today. | 오늘 집에 데려다주지 못해서 죄송합니다.

9 I'm sorry I can't remember your name. | 당신의 이름을 기억하지 못해서 죄송합니다.

10 I'm sorry I can't give you a better answer. | 더 좋은 답을 할 수 없어서 죄송합니다.

TIP
- **join you** : 함께 하다.
- **accept your invitation** : 초대에 응하다.
- **talk long** : 오래 대화하다.
- **take you home** : 너를 집까지 데려다주다.

8

I'm sorry, but + 문장

: 죄송하지만, ~해요.

회화패턴문장

1 I'm sorry, but I don't understand. 죄송하지만, 이해가 안 돼요.

2 I'm sorry, but I have to leave now. 죄송하지만, 그만 가 봐야겠어요.

3 I'm sorry, but I'm new here too. 죄송하지만, 저도 여기가 처음이에요.

4 I'm sorry, but this is not true. 죄송하지만, 이건 사실이 아니에요.

5 I'm sorry, but I don't agree with you. 죄송하지만, 당신에 동의하지 않아요.

6 I'm sorry, but I really need this. 죄송하지만, 이게 정말 필요해요.

7 I'm sorry, but I can't take this anymore. 죄송하지만, 더 이상 못 참겠어요.

8 I'm sorry, but I don't have a lot of time. 죄송하지만, 시간이 많이 없어요.

9 I'm sorry, but I don't believe you. 죄송하지만, 당신을 못 믿겠어요.

10 I'm sorry, but I can't help you. 죄송하지만, 제가 도울 수 없어요.

TIP

- I'm new here : 여기가 처음입니다.
- agree with ~ : ~에 동의하다.

9

I'm sorry if + 문장

: 만약 ~했다면 죄송해요.

회화패턴문장

1 I'm sorry if I was out of line.   만약 제가 도가 지나쳤다면 죄송해요.

2 I'm sorry if I was rude.   만약 무례했다면 죄송해요.

3 I'm sorry if I misunderstood.   만약 제가 오해했다면 죄송해요.

4 I'm sorry if I disturbed you.   만약 제가 방해가 되었다면 죄송해요.

5 I'm sorry if I bothered you.   만약 당신을 귀찮게 했다면 죄송해요.

6 I'm sorry if I offended you.   만약 당신을 불쾌하게 했다면 죄송해요.

7 I'm sorry if I scared you.   만약 당신을 놀라게 했다면 죄송해요.

8 I'm sorry if I was wrong.   만약 제가 틀렸다면 죄송해요.

9 I'm sorry if it wasn't true.   만약 사실이 아니라면 죄송해요.

10 I'm sorry if I caused any problems.   만약 제가 문제를 일으켰다면 죄송해요.

TIP
- **be out of line** : 선을 넘다, 도가 지나치다.
- **offend** : 불쾌하게 하다, 기분 상하게 하다.
- **disturb** : 방해하다.
- **bother** : 귀찮게 하다.
- **scare** : 위협하다, 놀라게 하다.

022 HAPPY 형용사

1

I am happy with + 명사/문장

: ~에 만족해.

회화패턴문장

1	I'm happy with my job.	내 일에 만족해.
2	I'm happy with my appearance.	내 외모에 만족해.
3	I'm happy with my life.	내 인생에 만족해.
4	I'm happy with my family.	내 가족에 행복해.
5	I'm happy with delicious food.	맛있는 음식에 만족해.
6	I'm happy with the result.	결과에 만족해.
7	I'm happy with the exam.	시험에 만족해.
8	I'm happy with her decision.	그녀의 결정에 만족해.
9	I'm happy with what I have.	내가 가진 것에 만족해.
10	I'm happy with where I am.	지금 내 위치에 만족해.

TIP
- **appearance** : 외모
- **delicious** : 맛있는
- **the result** : 결과

2

Are you happy with + 명사/문장 ?

: ~에 만족하니?

회화패턴문장

1 Are you happy with your job? | 너의 일에 만족하니?

2 Are you happy with your appearance? | 너의 외모에 만족하니?

3 Are you happy with your life? | 너의 인생에 만족하니?

4 Are you happy with my proposal? | 내 제안에 만족하니?

5 Are you happy with that gift? | 그 선물에 만족하니?

6 Are you happy with your roommate? | 너의 룸메이트에 만족하니?

7 Are you happy with the results? | 결과에 만족하니?

8 Are you happy with your new role? | 새로운 역할에 만족하니?

9 Are you happy with what you have? | 네가 가진 것에 만족하니?

10 Are you happy with where you are now? | 지금 네 위치에 만족하니?

TIP
- **proposal** : 제안
- **gift** : 선물
- **roommate** : 룸메이트
- **role** : 역할

023 SURE 형용사

1

I am sure + **(that)** + **문장**

: ~라고 확신해.

회화패턴문장

1 I am sure (that) you are right.   당신이 맞다고 확신해.

2 I am sure (that) it is true.   그게 사실이라고 확신해.

3 I am sure (that) she is reliable.   나는 그녀가 믿을 만하다고 확신해.

4 I am sure (that) the kid will like it.   나는 아이가 좋아할 거라고 확신해.

5 I am sure (that) you will do a great job.   당신이 아주 잘할 거라 확신해.

6 I am sure (that) he is leaving today.   그가 오늘 떠날 거라고 확신해.

7 I am sure (that) it was his fault.   그의 잘못이라고 확신해.

8 I am sure (that) it is my turn.   내 순서라고 확신해.

9 I am sure (that) I left my keys on the table.   열쇠를 탁자에 두고 왔다고 확신해.

10 I am sure (that) she will be happy with that.   나는 그녀가 그것에 만족할 거라고 확신해.

TIP
- **sure** : 확실한
- **reliable** : 믿을 만한
- **my turn** : 내 순서

2

Are you sure + (that) + 문장?

: ~한 거 확실해?

회화패턴문장

1
Are you sure (that) he is coming?
그가 온다는 거 확실해?

2
Are you sure (that) you did that?
당신이 한 거 확실해?

3
Are you sure (that) you want to stay here?
여기 머물고 싶다는 거 확실해?

4
Are you sure (that) you don't mind?
상관없는 거 확실해?

5
Are you sure (that) you don't need any help?
어떤 도움도 필요 없다는 거 확실해?

6
Are you sure (that) you are not sick?
아프지 않다는 거 확실해?

7
Are you sure (that) he is your boss?
그가 당신 상사라는 게 확실해?

8
Are you sure (that) you can do this by yourself?
당신 혼자서 할 수 있는 거 확실해?

9
Are you sure (that) we are going the right way?
맞는 길로 가고 있는 게 확실해?

10
Are you sure (that) it was him who just called?
방금 전화한 사람 그 사람이라는 게 확실해?

3

I am not sure of + 명사

: ~ 잘 모르겠어.

회화패턴문장

1 I am not sure of the size.   치수를 잘 모르겠어.

2 I am not sure of the exact date.   정확한 날짜를 잘 모르겠어.

3 I am not sure of the price.   가격을 잘 모르겠어.

4 I am not sure of the atmosphere.   분위기를 잘 모르겠어.

5 I am not sure of the details.   세부 사항들은 잘 모르겠어.

6 I am not sure of the solution.   해결책을 잘 모르겠어.

7 I am not sure of this situation.   이 상황을 잘 모르겠어.

8 I am not sure of the meaning.   뜻을 잘 모르겠어.

9 I am not sure of the status.   현황을 잘 모르겠어.

10 I am not sure of the quality.   품질은 잘 모르겠어.

TIP
- **the exact date** : 정확한 날짜
- **the atmosphere** : 분위기
- **the details** : 세부 사항
- **the status** : 현황
- **the quality** : 품질

4

I am not sure if + 문장

: ~인지 잘 모르겠어.

회화패턴문장

1 I am not sure if I can do this.　　　이번 일을 할 수 있을지 잘 모르겠어.

2 I am not sure if I have to go.　　　내가 가야 되는지 잘 모르겠어.

3 I am not sure if I agree with that.　　이 건에 대해 동의할 수 있는지 잘 모르겠어.

4 I am not sure if I should say it.　　그것을 말해야 하는지 잘 모르겠어.

5 I am not sure if I could forgive him.　내가 그를 용서할 수 있을지 잘 모르겠어.

6 I am not sure if I could believe him.　그가 믿을 만한 사람인지 잘 모르겠어.

7 I am not sure if I can handle this.　　내가 이걸 감당할 수 있을지 잘 모르겠어.

8 I am not sure if we can park here.　　여기에 주차해도 되는지 잘 모르겠어.

9 I am not sure if she is Korean or not.　그녀가 한국 사람인지 잘 모르겠어.

10 I am not sure if that is true or not.　그게 맞는지 잘 모르겠어.

TIP　- **forgive** : 용서하다.
　　　- **handle** : 감당하다, 다루다.

5

Be/Make sure to + 동사

: 꼭 ~해.

회화패턴문장

1 Be sure to answer my letter. 꼭 내 편지에 답해.

2 Be sure to lock the door before you leave. 꼭 떠나기 전에 문 잠가.

3 Be sure to check your email. 꼭 이메일 확인해.

4 Be sure to eat healthy. 꼭 건강하게 먹어.

5 Be sure to bring your passport. 꼭 여권 챙겨.

6 Make sure to bring your sister. 꼭 여동생 데리고 와.

7 Make sure to say hello for me. 꼭 안부 전해.

8 Make sure to dress warm. 꼭 따뜻하게 입어.

9 Make sure to answer the phone. 꼭 전화 받아.

10 Make sure to dress up tonight. 오늘 밤 꼭 갖춰 입어.

TIP
- answer one's letter : 누구의 편지에 답하다.
- check your email : 이메일 체크하다.
- bring your passport : 여권을 챙기다.
- dress up : 갖춰 입다.

151

024 일반 형용사

1

I am so glad to + 동사 /that + 문장

: ~해서 기뻐요.

회화패턴문장

1 I'm so glad to see you.   당신을 만나서 기뻐요.

2 I'm so glad to run into you.   우연히 만나서 기뻐요.

3 I'm so glad to be home again.   다시 집에 와서 기뻐요.

4 I'm so glad to be there on time.   제시간에 갈 수 있어서 기뻐요.

5 I'm so glad to be back.   다시 돌아와서 기뻐요.

6 I'm so glad to be invited.   초대 받아서 기뻐요.

7 I'm so glad to be in touch with you.   당신과 연락이 되어서 기뻐요.

8 I'm so glad (that) you told me.   내게 얘기해 줘서 기뻐요.

9 I'm so glad (that) he called.   그가 전화해서 기뻐요.

10 I'm so glad (that) you made it on time.   당신이 시간 안에 도착해서 기뻐요.

TIP
- **run into** : 우연히 만나다.
- **be back** : 돌아오다.
- **be in touch with** : 연락이 되다.

2

I am afraid + 문장

: (유감이지만) ~한 거 같아.

회화패턴문장

1 I'm afraid you are wrong.　　　유감이지만, 네가 틀린 거 같아.

2 I'm afraid you are mistaken.　　유감이지만, 네가 오해한 거 같아.

3 I'm afraid I can't be there.　　　유감이지만, 거기 못 갈 거 같아.

4 I'm afraid I can't help you.　　　유감이지만, 너를 도울 수 없을 거 같아.

5 I'm afraid I can't agree with you.　유감이지만, 너에게 동의 못 할 거 같아.

6 I'm afraid I don't remember.　　유감이지만, 기억이 안 나는 거 같아.

7 I'm afraid you can't use this.　　유감이지만, 이거 사용 못 할 거 같아.

8 I'm afraid I can't trust you.　　　유감이지만, 너를 믿지 못 할 거 같아.

9 I'm afraid he isn't coming.　　　유감이지만 그는 오지 않을 거 같아.

10 I'm afraid there is no possibility.　유감이지만, 가망이 없는 거 같아.

TIP
- **be mistaken** : 오해하다.
- **trust** : 사람을 믿다.
- **there is no possibility** : 가망이 없다.

3

I am able to + 동사

: ~할 수 있어.

회화패턴문장

1 I'm able to drive. | 운전할 수 있어.

2 I'm able to pick you up. | 너를 데리러 갈 수 있어.

3 I'm able to start working. | 일을 시작할 수 있어.

4 I'm able to apply for the job. | 그 일에 지원할 수 있어.

5 I'm able to pay you back. | 너한테 돈 갚을 수 있어.

6 I'm able to take the admission test. | 입학시험을 볼 수 있어.

7 I'm able to tell you the truth. | 너에게 사실을 말할 수 있어.

8 I'm able to support my family. | 내 가족을 부양할 수 있어.

9 I'm able to take care of myself. | 내 자신을 돌볼 수 있어.

10 I'm able to use my credit card. | 내 신용 카드 사용할 수 있어.

TIP
- **pick up** : 가는 길에 태우다.
- **apply for ~** : ~에 지원하다.
- **pay you back** : 너에게 돈을 갚다.
- **support** : 부양하다.

4 I am used to + 명사(형)

: ~에 익숙해.

회화패턴문장

1 I am used to cold weather.   나는 추운 날씨에 익숙해.

2 I am used to foreigners.   나는 외국인에 익숙해.

3 I am used to driving an SUV.   나는 SUV를 운전하는 게 익숙해.

4 I am used to being alone.   나는 혼자 있는 게 익숙해.

5 I am used to working until late night.   나는 밤늦게까지 일하는 게 익숙해.

6 I am used to waking up early.   나는 일찍 일어나는 데 익숙해.

7 I am used to eating breakfast everyday.   나는 매일 아침 먹는 게 익숙해.

8 I am used to sleeping with the lights on.   나는 불 켜고 자는 데 익숙해.

9 I am used to staying up late.   나는 늦게까지 깨어 있는 데 익숙해.

10 I am used to speaking in English.   나는 영어로 말하는 데 익숙해.

TIP
- **SUV** : 스포츠 실용차 (Sport Utility Vehicle)
- **untill ~** : ~까지
- **wake up** : 일어나다.
- **with the lights on** : 불을 켠 상태로

5

I am ready to + 동사

: ~하려고 해. / ~ 준비가 되어 있어.

회화패턴문장

1 I'm ready to order.   주문하려고 해.

2 I'm ready to go out (to eat).   외식하려고 해.

3 I'm ready to make a deal.   거래할 준비가 되어 있어.

4 I'm ready to give a presentation.   설명회 할 준비가 되어 있어.

5 I'm ready to ask her out.   그녀에게 데이트 신청할 준비가 되어 있어.

6 I'm ready to face anything.   무엇이든 맞설 준비가 되어 있어.

7 I'm ready to make a speech.   연설할 준비가 되어 있어.

8 I'm ready to start working.   일을 시작할 준비가 되어 있어.

9 I'm ready to sign the contract.   계약서에 사인할 준비가 되어 있어.

10 I'm ready to listen to you.   너의 말을 들을 준비가 되어 있어.

TIP
- **make a deal** : 거래하다.
- **give a presentation** : 설명회 하다.
- **ask her out** : 그녀에게 데이트 신청하다.
- **make a speech** : 연설하다.
- **sign the contract** : 계약서에 사인하다.

6

I am willing to + 동사

: 기꺼이 ~할 용의가 있어.

회화패턴문장

1 I am willing to help you.   기꺼이 너를 도울 용의가 있어.

2 I am willing to take the challenge.   기꺼이 도전을 받아들일 용의가 있어.

3 I am willing to lend you the money.   기꺼이 너에게 돈 빌려줄 용의가 있어.

4 I am willing to think about it.   기꺼이 생각해 볼 용의가 있어.

5 I am willing to do anything for you.   기꺼이 널 위해 무엇이든 할 용의가 있어.

6 I am willing to take any risk.   기꺼이 어떤 위험도 감수할 용의가 있어.

7 I am willing to volunteer.   기꺼이 지원할 용의가 있어.

8 I am willing to pay for dinner.   기꺼이 저녁을 살 용의가 있어.

9 I am willing to wait until you come.   기꺼이 너 올 때까지 기다릴 용의가 있어.

10 I am willing to sell my car for $500.   기꺼이 500달러에 내 차를 팔 용의가 있어.

TIP
- **take the challenge** : 도전을 받아들이다.
- **take any risk** : 위험을 감수하다.

7 **I am worried about** + 명사(형)

: ~에 대해 걱정돼.

회화패턴문장

1 **I'm worried about** my presentation.　내 설명회에 대해 걱정돼.

2 **I'm worried about** this test.　이번 시험에 대해 걱정돼.

3 **I'm worried about** my grades.　내 성적에 대해 걱정돼.

4 **I'm worried about** my future.　내 미래에 대해 걱정돼.

5 **I'm worried about** my children.　내 아이들에 대해 걱정돼.

6 **I'm worried about** his depression.　그의 우울증에 대해 걱정돼.

7 **I'm worried about** losing my job.　직장 잃을까 봐 걱정돼.

8 **I'm worried about** being in trouble.　곤란해질까 봐 걱정돼.

9 **I'm worried about** being in danger.　위험에 처할까 봐 걱정돼.

10 **I'm worried about** going to the hospital.　병원 가는 것에 대해 걱정돼.

TIP
- **grades** : 성적
- **depression** : 우울증
- **be in trouble** : 곤란해지다.
- **be in danger** : 위험에 처하다.

8

I am interested in + 명사(형)

: ~에 관심이 있어.

회화패턴문장

1 I'm interested in you.   나는 당신에게 관심이 있어.

2 I'm interested in marriage.   나는 결혼에 관심이 있어.

3 I'm interested in classical music.   나는 고전 음악에 관심이 있어.

4 I'm interested in marketing.   나는 마케팅에 관심이 있어.

5 I'm interested in the class.   나는 그 수업에 관심이 있어.

6 I'm interested in your company.   너의 회사에 관심이 있어.

7 I'm interested in this position.   이 자리에 관심이 있어.

8 I'm interested in this new program.   새 프로그램에 관심이 있어.

9 I'm interested in going to Europe.   나는 유럽 가는 것에 관심이 있어.

10 I'm interested in applying for the job.   나는 그 직장에 지원하는 것에 관심이 있어.

TIP
- **classical music** : 고전 음악
- **marketing** : 마케팅
- **position** : 자리, 위치

가장 많이 쓰는
전치사
회화 패턴

025 IN 전치사

1

I am in + 명사

: ~한 상태야. / ~한 상황이야.

회화패턴문장

1 I'm in a hurry. | 나는 서둘러야 해.

2 I'm in trouble. | 나는 곤경에 처했어.

3 I'm in love with her. | 나는 그녀와 사랑에 빠졌어.

4 I'm in an awkward situation. | 나는 난처한 상태야.

5 I'm in shock. | 나는 충격에 빠졌어.

6 I'm in charge of the sales department. | 나는 영업부를 책임지고 있어.

7 I'm in a good mood today. | 오늘 기분 좋은 상태야.

8 I'm in perfect shape. | 나는 몸이 매우 좋은 상태야.

9 I'm in the shower. | 나는 샤워하고 있는 상황이야.

10 I'm in my early thirties. | 나는 30대 초반이야.

TIP
- awkward : 곤란한, 어색한
- situation : 상태
- shape : 모양, 생김새, 몸매

2 **I am in the middle of** + 명사(형)

: ~하는 중이야.

회화패턴문장

1 I'm in the middle of a meeting. 나는 회의 중이야.

2 I'm in the middle of rehearsal. 나는 연습하고 있는 중이야.

3 I'm in the middle of an investigation. 나는 조사 받고 있는 중이야.

4 I'm in the middle of a crisis. 나는 위기에 처해 있는 중이야.

5 I'm in the middle of a conversation with my teacher.
나는 선생님과 얘기 나누는 중이야.

6 I'm in the middle of taking a bath. 나는 목욕하는 중이야.

7 I'm in the middle of studying English. 나는 영어 공부하는 중이야.

8 I'm in the middle of doing something. 나는 뭘 좀 하는 중이야.

9 I'm in the middle of cooking breakfast. 나는 아침 만들고 있는 중이야.

10 I'm in the middle of watching a movie. 나는 영화 보고 있는 중이야.

026 ON 전치사

1

I am on + 명사
: ~하는 중이야.

회화패턴문장

1	I'm on the phone.	나는 전화를 받는 중이야.
2	I'm on the computer.	나는 컴퓨터 하는 중이야.
3	I'm on a diet.	나는 다이어트 중이야.
4	I'm on a break.	나는 잠깐 쉬는 중이야.
5	I'm on the wagon.	나는 술 끊는 중이야.
6	I'm on duty.	나는 일하는 중이야.
7	I'm on medication.	나는 약 복용 중이야.
8	I'm on hold.	나는 대기 중이야.
9	I'm on the other line.	나는 다른 전화 중이야.
10	I'm on the air.	나는 생방송 중이야.

> **TIP**
> - **on a diet** : 다이어트 중
> - **on a break** : 쉬는 중
> - **on the wagon** : 금주하는 중
> - **on hold** : 대기 중
> - **on the other line** : 다른 전화 중

2 I am on my way to + 명사/동사
: ~ 가는 중이야.

회화패턴문장

1 I'm on my way to the airport.　공항에 가는 중이야.

2 I'm on my way to my school.　학교에 가는 중이야.

3 I'm on my way to the class.　수업하러 가는 중이야.

4 I'm on my way to the gym.　헬스장에 가는 중이야.

5 I'm on my way to your place.　너의 집으로 가는 중이야.

6 I'm on my way to a meeting.　회의에 가는 중이야.

7 I'm on my way to the emergency room.　응급실로 가는 중이야.

8 I'm on my way to lunch.　점심 먹으러 가는 중이야.

9 I'm on my way to see her.　그녀를 보러 가는 중이야.

10 I'm on my way to study English.　영어 공부하러 가는 중이야.

TIP
- the gym : 체육관, 헬스장
- the emergency room : 응급실

가장 많이 쓰는
부정문
회화 패턴

CAN'T 부정문

1

I can't believe + 문장
: ~라니 믿을 수가 없어.

회화패턴문장

1 **I can't believe** you said that. 네가 그렇게 말하다니 믿을 수가 없어.

2 **I can't believe** you are this naive. 네가 이렇게 순진하다니 믿을 수가 없어.

3 **I can't believe** I failed the exam. 내가 시험을 망쳤다니 믿을 수가 없어.

4 **I can't believe** I missed the train. 내가 기차를 놓쳤다니 믿을 수가 없어.

5 **I can't believe** it's been 20 years. 20년이 흘렀다니 믿을 수가 없어.

6 **I can't believe** you lied to me. 네가 날 속였다니 믿을 수가 없어.

7 **I can't believe** I ate all this. 내가 이걸 다 먹었다니 믿을 수가 없어.

8 **I can't believe** you forgot about me. 날 잊다니 믿을 수가 없어.

9 **I can't believe** there are no holidays. 휴일이 없다니 믿을 수가 없어.

10 **I can't believe** I gained 10 kilograms. 10킬로그램 찌다니 믿을 수가 없어.

> **TIP**
> - **naive** : 순진한
> - **lie to ~** : ~에게 거짓말을 하다.
> - **gain** : 얻다, 살찌다.

2

I can't figure out + 문장/명사

: 난 ~ 모르겠어.

회화패턴문장

1 **I can't figure out** what that is. | 난 그게 뭔지 모르겠어.

2 **I can't figure out** what you're saying. | 난 네가 말하는 거 모르겠어.

3 **I can't figure out** what is wrong. | 뭐가 틀렸는지 모르겠어.

4 **I can't figure out** why the line is dead. | 난 왜 전화가 불통인지 모르겠어.

5 **I can't figure out** which is more important. | 난 어느 것이 더 중요한지 모르겠어

6 **I can't figure out** how to help people. | 내가 어떻게 사람들을 도우면 될지 모르겠어.

7 **I can't figure out** how to do this. | 난 이거 어떻게 하는지 모르겠어.

8 **I can't figure out** how to install the software.
난 이 소프트웨어를 어떻게 설치하는지 모르겠어.

9 **I can't figure out** what to do with my life.
내 인생을 어떻게 할지 모르겠어.

10 **I can't figure out** what to wear to the wedding.
결혼식에 뭘 입고 갈지 모르겠어.

3

I can't find + 명사

: ~ 못 찾겠어.

회화패턴문장

1 I can't find my job.　　내 직장을 못 찾겠어.

2 I can't find the right place.　　마땅한 장소를 못 찾겠어.

3 I can't find the person in charge.　　담당자를 못 찾겠어.

4 I can't find the plug anywhere.　　플러그가 어디에도 없어.

5 I can't find my id and password.　　아이디랑 비밀번호를 못 찾겠어.

6 I can't find my resume.　　내 이력서를 못 찾겠어.

7 I can't find a place to park.　　주차할 자리 못 찾겠어.

8 I can't find a room to rent.　　월세방을 못 찾겠어.

9 I can't find the book I'm looking for.　　찾고 있는 책을 못 찾겠어.

10 I can't find the movie I'm interested in.　　관심 있는 영화를 못 찾겠어.

TIP
- **the right place** : 마땅한 장소
- **the person in charge** : 담당자
- **resume** : 이력서
- **rent** : 빌리다, 임대하다.

4

I can't tell + 명사/문장

: ~ 말 못 하겠어. / ~ 구별 못 하겠어.

회화패턴문장

1 I can't tell you why.   너에게 이유를 말 못 하겠어.

2 I can't tell you my secret recipe.   내 조리 비법은 말 못 하겠어.

3 I can't tell you anything right now.   지금 너에게 아무것도 말 못 하겠어.

4 I can't tell you how grateful I am.   얼마나 기쁜지 말 못 하겠어.

5 I can't tell you how sorry I am.   얼마나 미안한지 말 못 하겠어.

6 I can't tell one from another.   뭐가 뭔지 구별 못 하겠어.

7 I can't tell which one is better.   어느 것이 더 좋은지 구별 못 하겠어.

8 I can't tell which one is mine.   내 것이 어떤 건지 구별 못 하겠어.

9 I can't tell what is new.   뭐가 새것인지 구별 못 하겠어.

10 I can't tell if I'm right or not.   내가 맞는지 틀렸는지 구별 못 하겠어.

TIP - secret recipe : 조리 비법

5

I can't think + **of** + 명사/문장

: ~ 생각이 안 나.

회화패턴문장

| 1 | I can't think of anything. | 아무것도 생각이 안 나. |

| 2 | I can't think of anything but my trip. | 여행 말고는 아무것도 생각이 안 나. |

| 3 | I can't think of a better idea. | 더 나은 방안이 생각이 안 나. |

| 4 | I can't think of the answer. | 그 답이 생각이 안 나. |

| 5 | I can't think of her name. | 그녀 이름이 생각이 안 나. |

6 I can't think of another word.
다른 단어가 생각이 안 나.

7 I can't think of what I ate for lunch.
점심에 무엇을 먹었는지 생각이 안 나.

8 I can't think of where I left my keys.
열쇠를 어디에 뒀는지 생각이 안 나.

9 I can't think of why I thought he was stupid
왜 그가 멍청하다고 생각했는지 생각이 안나.

10 I can't think of why you said she was attractive.
왜 그녀가 그렇게 매력적이라고 했는지 생각이 안 나.

6

I can't say + 문장
: ~라고 말할 수 없어.

회화패턴문장

1	**I can't say** I am sorry.	미안하다고 말할 수 없어.
2	**I can't say** I really love him.	그를 정말 사랑한다고 말할 수 없어.
3	**I can't say** you are wrong.	네가 잘못했다고 말할 수 없어.
4	**I can't say** I know her.	그녀를 안다고 말할 수 없어.
5	**I can't say** I agree with you.	너한테 동의한다고 말할 수 없어.
6	**I can't say** I'm over him.	그를 잊었다고 말할 수 없어.
7	**I can't say** that I am disappointed.	실망했다고 말할 수 없어.
8	**I can't say** I am not nervous.	긴장하지 않았다고 말할 수 없어.
9	**I can't say** I did everything.	내가 다 했다고 말할 수 없어.
10	**I can't say** I forgave you.	너를 용서했다고 말할 수 없어.

TIP
- I'm over him : 그를 잊었다.
- nervous : 긴장된

7

I can't stand + 명사(형)
: ~ 못 참겠어.

회화패턴문장

1 **I can't stand** your lies.　　　너의 거짓말을 못 참겠어.

2 **I can't stand** this movie.　　　이 영화 못 참겠어.

3 **I can't stand** this smell.　　　이 냄새 못 참겠어.

4 **I can't stand** dirty shoes.　　　더러운 신발 못 참겠어.

5 **I can't stand** the loud noise.　　　시끄러운 소리는 못 참겠어.

6 **I can't stand** the cold weather.　　　추운 날씨는 못 참겠어.

7 **I can't stand** him around me.　　　그가 내 주위에 있는 건 못 참겠어.

8 **I can't stand** working with him.　　　그와 일하는 거 못 참겠어.

9 **I can't stand** waiting all day.　　　하루 종일 기다리는 거 못 참겠어.

10 **I can't stand** staying up all night.　　　밤새우는 건 못 참겠어.

TIP
- **stand** : 참다
- **dirty** : 더러운
- **loud** : 시끄러운
- **all day** : 하루 종일

8 I can't understand why + 문장

: ~ 이해할 수 없어.

회화패턴문장

1 I can't understand why you were late.　　네가 왜 늦었는지 이해할 수 없어.

2 I can't understand why he got fired.　　그가 왜 해고당한 건지 이해할 수 없어.

3 I can't understand why he has to leave.　　그가 왜 떠나야 하는지 이해할 수 없어.

4 I can't understand why she likes me.　　그녀가 왜 날 좋아하는지 이해할 수 없어.

5 I can't understand why you are mad at me.　　너 왜 나한테 화난 건지 이해할 수 없어.

6 I can't understand why you lied to me.　　네가 왜 나에게 거짓말을 했는지 이해할 수 없어.

7 I can't understand why they broke up.　　둘이 왜 헤어졌는지 이해할 수 없어.

8 I can't understand why I did it.　　내가 왜 그런 짓을 했는지 이해할 수 없어.

9 I can't understand why you are always late.
네가 왜 항상 늦는지 이해할 수 없어.

10 I can't understand why he parks his car there.
그가 왜 거기에 차를 주차하는지 이해할 수 없어.

175

9 I can't wait for + 명사/to + 문장

: ~ 기다릴 수 없어. / 당장 ~하고 싶어.

회화패턴문장

1 I can't wait any longer. 더 이상 기다릴 수 없어.

2 I can't wait for this line anymore. 더 이상 이 줄을 기다릴 수 없어.

3 I can't wait for my vacation. 당장 방학하고 싶어.

4 I can't wait for the movie. 당장 영화 보고 싶어.

5 I can't wait to meet her. 당장 그녀를 만나고 싶어.

6 I can't wait to move into the house. 당장 그 집으로 이사 가고 싶어.

7 I can't wait to open my present. 당장 선물 열어 보고 싶어.

8 I can't wait to buy a new car. 당장 새 차를 사고 싶어.

9 I can't wait to see my niece. 당장 조카 보고 싶어.

10 I can't wait to visit my parents. 당장 부모님 뵈러 가고 싶어.

TIP
- **any longer** : 더 이상 ~ 않은
- **present** : 선물
- **niece** : 여자 조카

10   **I can't stop** + 명사형(~ing)
: ~ 멈출 수 없어. / ~할 수밖에 없어.

회화패턴문장

1 I can't stop laughing.　　　　　웃음을 멈출 수 없어.

2 I can't stop sweating.　　　　　땀을 멈출 수 없어.

3 I can't stop crying.　　　　　울음을 멈출 수 없어.

4 I can't stop reading this book.　　이 책 읽는 것을 멈출 수 없어.

5 I can't stop thinking about her.　그녀 생각을 멈출 수 없어.

6 I can't stop playing this game.　게임하는 것을 멈출 수 없어.

7 I can't stop smoking.　　　　　흡연을 멈출 수 없어.

8 I can't stop drinking coffee.　　커피 마시는 건 멈출 수 없어.

9 I can't stop waiting for him.　　그를 기다리는 수밖에 없어.

10 I can't stop watching this channel.　이 채널을 볼 수밖에 없어.

TIP　- laugh : 껄껄 웃다.
　　　- sweat : 땀 흘리다.

028 NEVER 부정문

1

I never + 동사
: 절대 ~ 않아요.

회화패턴문장

1 I never cut classes. 　　　　　　절대 수업은 빠지지 않아요.

2 I never leave my home. 　　　　　절대 집 밖에도 나가지 않아요.

3 I never miss a deadline. 　　　　　절대 마감 시간은 넘기지 않아요.

4 I never ask for help. 　　　　　　절대 도움을 요청하지 않아요.

5 I never run traffic lights. 　　　　절대 신호 무시는 하지 않아요.

6 I never eat breakfast. 　　　　　　절대 아침은 먹지 않아요.

7 I never forget a promise. 　　　　　절대 약속은 잊지 않아요.

8 I never put sugar in my coffee. 　　절대 커피에 설탕 넣지 않아요.

9 I never heard of such a thing. 　　절대 한 번도 들어 본 적 없어요.

10 I never learned how to swim. 　　절대 수영하는 법을 배운 적이 없어요.

TIP
- cut classes : 수업을 빠지다.
- miss a deadline : 마감 시간을 넘기다.
- run traffic lights : 신호를 무시하다.

2

I never thought of + 명사(형)

: ~은 생각도 못 해 봤어.

회화패턴문장

1	I never thought of that.	그것은 생각도 못 해 봤어.
2	I never thought of my future.	내 미래는 생각도 못 해 봤어.
3	I never thought of someone else.	다른 사람은 생각도 못 해 봤어.
4	I never thought of myself as a teacher.	선생님으로서 내 자신은 생각도 못 해 봤어.
5	I never thought of him as my boss.	그를 내 상사로는 생각도 못 해 봤어.
6	I never thought of doing this.	이것을 할 줄은 생각도 못 해 봤어.
7	I never thought of changing my job.	직업을 바꿀 줄은 생각도 못 해 봤어.
8	I never thought of living here.	여기 살 거라고는 생각도 못 해 봤어.
9	I never thought of quitting my job.	일을 그만둘 거라고는 생각도 못 해 봤어.
10	I never thought of marrying her.	그녀와 결혼할 거라고는 생각도 못 해 봤어.

TIP
- **future** : 미래
- **someone else** : 그 밖의 다른 사람
- **as ~** : ~로서

3

I never thought I would + 동사
: 내가 ~할 줄이야.

회화패턴문장

1 I never thought I would see you here. | 내가 여기서 당신을 만날 줄이야!

2 I never thought I would say this. | 내가 이런 말을 하게 될 줄이야!

3 I never thought I would be here. | 내가 여기 올 줄이야!

4 I never thought I would win the lottery. | 내가 복권에 당첨될 줄이야!

5 I never thought I would be happy. | 내가 이렇게 기쁠 줄이야!

6 I never thought I would be in love. | 내가 사랑에 빠질 줄이야!

7 I never thought I would make a mistake. | 내가 실수를 할 줄이야!

8 I never thought I would become a celebrity. | 내가 유명인이 될 줄이야!

9 I never thought I would pass the test. | 내가 시험을 통과할 줄이야!

10 I never thought I would get a drivers license. | 내가 면허를 딸 줄이야!

TIP
- **the lottery** : 복권
- **make a mistake** : 실수하다.
- **a celebrity** : 유명인
- **a driver's license** : 운전면허

4

I would never + 동사

: (무슨 일이 있어도) 절대 ~하지 않을 거예요.

회화패턴문장

1	I would never call him.	절대 그에게 전화하지 않을 거예요.
2	I would never suggest such a thing.	절대 그런 것은 제안하지 않을 거예요.
3	I would never pay the full price.	절대 제값을 주고 사지 않을 거예요.
4	I would never forget the last scene.	절대 마지막 장면을 잊지 않을 거예요.
5	I would never cheat on somebody.	절대 바람피우지 않을 거예요.
6	I would never forgive you.	절대 당신을 용서하지 않을 거예요.
7	I would never eat here.	절대 여기서 식사하지 않을 거예요.
8	I would never watch this movie.	절대 이 영화를 보지 않을 거예요.
9	I would never help him again.	절대 그를 돕지 않을 거예요.
10	I would never sell my car.	절대 내 자동차를 팔지 않을 거예요.

TIP
- **suggest** : 제안하다.
- **the full price** : 제값
- **the last scene** : 마지막 장면

5

I will never + 동사

: 절대 ~하지 않을 거예요.

회화패턴문장

1 I will never be late again.
다시는 늦지 않을 거예요.

2 I will never ask for your help.
당신에게 도움 요청하지 않을 거예요.

3 I will never disappoint you.
당신을 실망시키지 않을 거예요.

4 I will never eat late at night.
야식을 먹지 않을 거예요.

5 I will never drink over my limit.
주량을 넘어서 술 마시지 않을 거예요.

6 I will never take advantage of you.
당신을 이용하지 않을 거예요.

7 I will never take him for granted.
그를 당연시하지 않을 거예요.

8 I will never take my eyes off the baby.
아기에게서 눈을 떼지 않을 거예요.

9 I will never forget the night of the accident.
사고 난 그날 밤을 잊지 않을 거예요.

10 I will never be the person I was in the past.
과거의 자신이 되지 않을 거예요.

TIP	
	– **take advantage of** : 이용하다.
	– **take A for granted** : A를 당연하게 여기다.
	– **take my eyes off** : 눈을 떼다, 시선을 돌리다.
	– **in the past** : 과거에, 과거에는

029 DON'T 부정문/부정의문문

1 Don't be so + 형용사
: 너무 ~하지 마.

회화패턴문장

1	**Don't be so** sad!	너무 슬퍼하지 마.
2	**Don't be so** sensitive!	너무 예민해하지 마.
3	**Don't be so** mean to her!	너무 그녀에게 가혹하게 하지 마.
4	**Don't be so** ashamed.	너무 수치스러워하지 마.
5	**Don't be so** filled with guilt.	너무 죄책감 가지지 마.
6	**Don't be so** surprised.	너무 놀라지 마.
7	**Don't be so** naive.	너무 순진할 필요 없어요.
8	**Don't be so** shy.	너무 쑥스러워하지 마.
9	**Don't be so** bossy.	갑질하지 마.
10	**Don't be so** childish.	너무 어린애같이 행동하지 마.

> **TIP**
> - **sensitive** : 민감한, 예민한
> - **ashamed** : 수치스러운, 창피한
> - **shy** : 쑥스러운
> - **mean** : 가혹한, 야비한
> - **filled with guilt** : 죄책감으로 가득 찬
> - **bossy** : 두목 같은, 갑질하는

2

Don't forget to + 동사
: ~하는 거 잊지 마.

회화패턴문장

1 Don't forget to make a call. | 전화하는 거 잊지 마세요.

2 Don't forget to return it. | 그거 돌려주는 거 잊지 마세요.

3 Don't forget to write me back. | 답장하는 거 잊지 마세요.

4 Don't forget to wake me up at seven. | 7시에 깨워주는 거 잊지 마세요.

5 Don't forget to keep your eye on the road. | 운전 조심하는 거 잊지 마세요.

6 Don't forget to give that back to me. | 그거 돌려주는 거 잊지 마세요.

7 Don't forget to change your password. | 비밀번호 바꾸는 거 잊지 마세요.

8 Don't forget to send the application form. | 지원서 보내는 거 잊지 마세요.

9 Don't forget to put sunscreen on. | 자외선 차단제 바르는 거 잊지 마세요.

10 Don't forget to pick me up after work. | 퇴근하고 데리러 오는 거 잊지 마세요.

TIP
- **make a call** : 전화하다.
- **keep your eye on** : 주시하다, 조심하다.
- **the application form** : 지원서
- **sunscreen** : 자외선 차단제

3

Don't tell me + 문장

: 설마 ~는 아니겠지.

회화패턴문장

1 **Don't tell me** you did it.
설마 네가 한 짓은 아니겠지.

2 **Don't tell me** it's raining outside.
설마 밖에 비 오고 있는 건 아니겠지.

3 **Don't tell me** you don't remember it.
설마 그것을 기억하지 못하는 것은 아니겠지.

4 **Don't tell me** you have changed your mind.
설마 마음이 변한 건 아니겠지.

5 **Don't tell me** you have done such a thing.
설마 진짜 그런 일을 한 건 아니겠지.

6 **Don't tell me** that's the truth.
설마 그게 사실은 아니겠지.

7 **Don't tell me** I am wrong.
설마 내가 틀린 건 아니겠지.

8 **Don't tell me** you do not know.
설마 모른다고 하는 건 아니겠지.

9 **Don't tell me** there is something wrong.
설마 뭐가 잘못된 건 아니겠지.

10 **Don't tell me** you don't like it.
설마 싫다고 하는 건 아니겠지.

TIP
- **outside** : 외부의, 바깥의
- **changed one's mind** : ~의 마음이 바뀌다.

4

Don't be afraid to + 동사

: ~하는 거 두려워하지 마.

회화패턴문장

1 Don't be afraid to be wrong. 틀리는 거 두려워하지 마.

2 Don't be afraid to give it a go. 시도해 보는 거 두려워하지 마.

3 Don't be afraid to ask questions. 질문하는 거 두려워하지 마.

4 Don't be afraid to ask for help. 도와 달라고 하는 거 두려워하지 마.

5 Don't be afraid to express your opinion. 네 의견 말하는 거 두려워하지 마.

6 Don't be afraid to break up. 헤어지는 거 두려워하지 마.

7 Don't be afraid to express yourself. 네 의견 표현하는 거 두려워하지 마.

8 Don't be afraid to tell your parents. 부모님께 말씀드리는 거 두려워하지 마.

9 Don't be afraid to start something. 시작하는 거 두려워하지 마.

10 Don't be afraid to make a mistake. 실수하는 거 두려워하지 마.

TIP
- **give it a go** : 한번 해 보다.
- **ask for help** : 도와 달라고 부탁하다.
- **express your opinion** : 너의 의견을 말하다.
- **express yourself** : 네 자신을 표현하다.

5 Don't even think about + 명사형(~ing)

: ~은 생각도 하지 마!

회화패턴문장

1 Don't even think about doing that!　　　엉뚱한 짓 할 생각도 하지 마!

2 Don't even think about dating her!　　　그녀랑은 데이트할 생각도 하지 마!

3 Don't even think about parking here!　　　여기에 주차는 생각도 하지 마!

4 Don't even think about lying to me!　　　나에게 거짓말할 생각도 하지 마!

5 Don't even think about fooling me.　　　나를 속일 생각은 하지도 마!

6 Don't even think about asking me a favor!　　내게 부탁할 생각도 하지 마!

7 Don't even think about throwing a party!　　파티 열 생각도 하지 마!

8 Don't even think about changing the channel!
채널 돌릴 생각도 하지 마!

9 Don't even think about buying a motorcycle!
오토바이 살 생각도 하지 마!

10 Don't even think about driving without a license!
면허 없이 운전할 생각도 하지 마!

6

Don't you + 동사?

: ~지 않나요?

회화패턴문장

1 Don't you have a spare key?　　여분의 열쇠가 있지 않나요?

2 Don't you have a girlfriend?　　여자 친구 있지 않나요?

3 Don't you live in LA?　　LA 살지 않나요?

4 Don't you like dogs?　　개를 좋아하지 않나요?

5 Don't you like it here?　　여기 좋지 않나요?

6 Don't you know who I am?　　내가 누군지 알지 않나요?

7 Don't you love working with her?　　그녀랑 일하는 거 좋지 않나요?

8 Don't you know how to speak Chinese?　　중국어로 말할 수 있지 않나요?

9 Don't you usually have a slice of bacon for breakfast?
보통 아침으로 베이컨 먹지 않나요?

10 Don't you have a package for me?　　나에게 온 우편 가지고 있지 않나요?

MEMO

가장 많이 쓰는
의문사
회화 패턴

가장 많이 쓰는 동사 회화 패턴 · WANT 동사 I want some coffee. BE 동사 I am going to return it. THINK 동사 I think that he is right. LIKE 동사 I like coffee too. LOOK 동사 You look good. FEEL 동사 I feel bad. SOUND 동사 It sounds like fun. SEEM 동사 It seems like ... WONDER 동사 I wonder why he is late. NEED 동사 I need a break. MIND 동사 Do you mind opening the window? THANK 동사 Thank you for your help. CARE 동사 He cares about you. KNOW 동사 I know you care for me. MEAN 동사 I mean, I'm sorry. LET 동사 Let's meet for drinks sometime. 가장 많이 쓰는 조동사 회화 패턴 · CAN 조동사 Can I get a drink? HAVE TO 조동사 You have to change your job. SHOULD 조동사 You should speak to her. HAD BETTER · WOULD RATHER 조동사 You'd better be careful. 가장 많이 쓰는 형용사 회화 패턴 · SORRY 형용사 I'm sorry about the mess. HAPPY 형용사 I'm happy with my job. SURE 형용사 I am sure I love you. are right. 형용사 I'm so glad to see you. 가장 많이 쓰는 전치사 회화 패턴 · IN 전치사 I'm in a hurry. ON 전치사 I'm on the phone. 가장 많이 쓰는 부정문 회화 패턴 · CAN'T 부정문 I can't believe you said that. NEVER 부정문 I never eat cheese. DON'T 부정명령문/부정의문문 Don't be so sad. 가장 많이 쓰는 의문사 회화 패턴 · WHAT 의문사 What happened to him? HOW 의문사 How was your holiday? WHY 의문사 Why do you like it so much? WHO 의문사 Who is your visitor? WHEN 의문사 When did you have a meal? WHERE 의문사 Where can I find the restroom? WHICH 의문사 Which way is the post office? 가장 많이 쓰는 일반 의문문 회화 패턴 · WOULD YOU 의문문 Would you leave for a moment? 가장 많이 쓰는 감탄문을 회화 패턴 · HOW EXP 감탄문 I hate phone it. HAVE + YOU 의문문 Have you heard that song before? 가장 많이 쓰는 가정문 회화 패턴 · IF 가정문 If you have any questions, please ask me now. 가장 많이 쓰는 THERE 회화 패턴 · THERE + 복수동사 There are so many choices. THERE + 조동사 · 일반동사 There must be a solution. IS THERE 의문문 Is there any tea? 가장 많이 쓰는 가주어 회화 패턴 · IT IS It's like outside. THAT IS That's why I'm here.

1 What happened to + 명사
: ~는 무슨 일이야? / ~는 어떻게 되었어?

회화패턴문장

1 What happened to him? | 그에게 무슨 일이야?

2 What happened to his house? | 그의 집에 무슨 일이야?

3 What happened to your arm? | 네 팔 무슨 일이야?

4 What happened at the meeting? | 회의 때 무슨 일 있었어?

5 What happened during the show? | 공연 때 무슨 일 있었어?

6 What happened this morning? | 오늘 아침에 무슨 일 있었어?

7 What happened after I left? | 내가 떠난 후 무슨 일 있었어?

8 What happened before we came? | 우리가 오기 전에 무슨 일 있었어?

9 What happened to the report I asked for? | 내가 부탁했던 보고서는 어떻게 되었어?

10 What happened to the computer that was on my desk?
내 책상 위에 컴퓨터는 어떻게 되었어?

2 What makes you + 동사

: 왜 ~하는 거야?

회화패턴문장

1 What makes you so sure?   왜 그렇게 확신하는 거야?

2 What makes you want to change jobs?   왜 직업을 바꾸려는 거야?

3 What makes you feel that way?   왜 그렇게 느끼는 거야?

4 What makes you decide that way?   왜 그런 마음을 먹은 거야?

5 What makes you say that?   왜 그렇게 얘기하는 거야?

6 What makes you feel confident?   왜 이렇게 자신 있는 거야?

7 What makes you go to sleep early?   왜 일찍 잠드는 거야?

8 What makes you workout everyday?   왜 매일 운동하는 거야?

9 What makes you come here so early?   왜 여기 이렇게 일찍 온 거야?

10 What makes you come all the way here?   왜 여기까지 온 거야?

TIP
- **feel that way** : 그렇게 느끼다.
- **decide that way** : 그렇게 마음먹다.
- **feel confident** : 자신 있다.

3

What is + 명사 + **like?**
: ~는 어떻죠?

회화패턴문장

1 **What is** the weather like in Toronto? 토론토 날씨는 어떻죠?

2 **What is** the weather like tomorrow? 내일 날씨는 어떻죠?

3 **What are** the people like in Japan? 일본 사람들은 어떻죠?

4 **What is** public transportation like in Brazil? 브라질의 대중교통은 어떻죠?

5 **What were** you like in high school? 고등학교 때 당신은 어땠죠?

6 **What is** she like as a colleague? 동료로서 그녀는 어떻죠?

7 **What is** Joe like as a student? 학생으로서 Joe는 어떻죠?

8 **What is** it like to live in Russia? 러시아에서 사는 것은 어떻죠?

9 **What is** it like to study abroad? 해외에서 공부하는 것은 어떻죠?

10 **What is** it like to work with your husband? 남편과 같이 일하는 것은 어떻죠?

> **TIP**
> - **weather** : 날씨
> - **public transportation** : 대중교통
> - **colleague** : 동료
> - **study abroad** : 유학하다.

4

What is the best way to + 동사?

: ~하는 가장 좋은 방법이 뭐죠?

회화패턴문장

1 What's the best way to reach her? — 그녀에게 연락하는 가장 좋은 방법이 뭐죠?

2 What's the best way to get downtown? — 시내로 가는 가장 좋은 방법이 뭐죠?

3 What's the best way to learn English? — 영어를 배우는 가장 좋은 방법이 뭐죠?

4 What's the best way to get a job? — 취직하는 가장 좋은 방법이 뭐죠?

5 What's the best way to the airport? — 공항 가는 가장 좋은 방법이 뭐죠?

6 What's the best way to lose weight? — 살 빼는 가장 좋은 방법이 뭐죠?

7 What's the best way to quit smoking? — 금연하는 가장 좋은 방법이 뭐죠?

8 What's the best way to get a loan? — 대출 받는 가장 좋은 방법이 뭐죠?

9 What's the best way to save money? — 저축하는 가장 좋은 방법이 뭐죠?

10 What's the best way to get a girlfriend? — 여자 친구를 사귀는 가장 좋은 방법이 뭐죠?

TIP
- **reach** : 연락하다.
- **get downtown** : 시내로 가다.
- **get a loan** : 대출 받다.
- **save money** : 돈을 아끼다, 저축하다.

5

What do you think of + 명사?
: ~에 대해 어떻게 생각하세요?

회화패턴문장

1 What do you think of this picture? 이 그림에 대해 어떻게 생각하세요?

2 What do you think of your new teacher? 너희 새로운 선생님에 대해 어떻게 생각하니?

3 What do you think of that idea? 그 아이디어에 대해서 어떻게 생각하세요?

4 What do you think of fast food? 패스트푸드에 대해서 어떻게 생각하세요?

5 What do you think of Korean people? 한국 사람들에 대해서 어떻게 생각하세요?

6 What do you think of my brother? 제 동생에 대해 어떻게 생각하세요?

7 What do you think of UFOs? UFO에 대해 어떻게 생각하세요?

8 What do you think of the economy? 경제에 대해 어떻게 생각하세요?

9 What do you think of internet shopping? 인터넷 쇼핑에 대해 어떻게 생각하세요?

10 What do you think of electric cars? 전기 자동차에 대해 어떻게 생각하세요?

TIP
- **fast food** : 패스트푸드, 정크푸드
- **economy** : 경제
- **electric cars** : 전기 자동차

6 **What do you say** + **to/about** + 명사(형)/문장?
: ~하는 게 어떠세요?

회화패턴문장

1 What do you say to a weekend in N.Y.?　　뉴욕에서 주말에 노는 거 어때?

2 What do you say to a movie tonight?　　오늘 저녁에 영화 보는 거 어때?

3 What do you say to eating out tonight?　　오늘 밤 외식하는 거 어때?

4 What do you say to visiting my parents?　　우리 부모님 만나 뵙는 거 어때?

5 What do you say to forgetting everything?　　그냥 다 잊어버리는 건 어때?

6 What do you say to starting over?　　다시 시작해 보는 건 어때?

7 What do you say about organizing your thoughts?
생각 정리하는 게 어때?

8 What do you say about asking her out?　　그녀에게 고백하는 게 어때?

9 What do you say we take a little break?　　잠시 쉬는 거 어때?

10 What do you say we rent a car?　　차 렌트하는 거 어때?

7

What kind of + 명사 ?
: 어떤 종류의 ~를?

회화패턴문장

1 **What kind of** food do you want? | 어떤 종류의 음식을 원하세요?

2 **What kind of** job do you have? | 어떤 종류의 직업을 가지고 계세요?

3 **What kind of** guys do you prefer? | 어떤 종류의 남자를 선호하세요?

4 **What kind of** car are you interested in? | 어떤 종류의 자동차에 관심 있으세요?

5 **What kind of** person are you looking for? | 어떤 종류의 사람을 찾고 계시나요?

6 **What kind of** house do you live in? | 어떤 종류의 집에서 사시나요?

7 **What kind of** person would you like to be? | 어떤 사람이 되고 싶으신가요?

8 **What kind of** music do you like? | 어떤 종류의 음악을 좋아하시나요?

9 **What kind of** books do you read? | 어떤 종류의 책을 읽으시나요?

10 **What kind of** instruments does she play? | 그녀는 어떤 종류의 악기를 다루나요?

TIP
- **prefer** : 선호하다.
- **instrument** : 악기

8

What about + 명사(형) ?

: ~은 어때요?

회화패턴문장

1 **What about** around five?   5시쯤에 어때요?

2 **What about** tomorrow?   내일은 어때요?

3 **What about** lunch on Sunday?   일요일 점심 어때요?

4 **What about** a trip to Italy?   이탈리아로 여행 어때요?

5 **What about** pasta for dinner?   저녁으로 파스타 어때요?

6 **What about** a glass of beer?   맥주 한잔하는 게 어때요?

7 **What about** going to a movie?   영화 보러 가는 거 어때요?

8 **What about** having an early dinner?   저녁 일찍 먹는 게 어때요?

9 **What about** you?   당신은 어때요?

10 **What about** this?   이건 어때요?

TIP   - **around** : ~에 대해서 / 대략

9 **What if** + 문장 ?

: ~하면 어쩌지? / ~하면 어떨까?

회화패턴문장

1 What if it rains?　　　　　　비가 오면 어쩌지?

2 What if my parents find out?　　부모님이 알게 되면 어쩌지?

3 What if we miss the last train?　마지막 기차를 놓치면 어쩌지?

4 What if he cheats on me?　　　그가 바람피우면 어쩌지?

5 What if we don't arrive on time?　제시간에 도착하지 못하면 어쩌지?

6 What if I'm late for class?　　　수업에 지각하면 어쩌지?

7 What if I miss the deadline?　　마감을 놓치면 어쩌지?

8 What if I can't wake up in the morning?　아침에 못 일어나면 어쩌지?

9 What if I date him?　　　　　그와 사귄다면 어떨까?

10 What if we move the desk to the corner?　구석으로 책상을 옮기면 어떨까?

TIP
- **find out** : 알아내다.
- **cheats on** : 바람피우다.
- **wake up** : 일어나다.

1

How was your + 명사?

: ~는 어땠어?

회화패턴문장

1	**How was your** blind date?	소개팅 어땠어?
2	**How was your** flight?	비행 어땠어?
3	**How was your** interview?	면접 어땠어?
4	**How was your** day off?	쉬는 날 어땠어?
5	**How was your** day at work?	직장 일 어땠어?
6	**How was your** business trip?	출장 어땠어?
7	**How was your** school life?	학교생활 어땠어?
8	**How was your** encounter with her?	그녀와의 만남 어땠어?
9	**How was your** meeting at headquarters?	본사에서 회의 어땠나요?
10	**How was your** first day at work?	회사 첫날 어땠어?

> **TIP**
> - **blind date** : 소개팅
> - **flight** : 비행기, 여행
> - **day off** : 쉬는 날
> - **business trip** : 출장
> - **headquarters** : 본사

2

How did it + 동사?

: ~는 어땠어?

회화패턴문장

1 How did it go?　　　　　　　어땠어?

2 How did it go in New York?　뉴욕에서 어땠어?

3 How did it happen?　　　　　어떻게 이런 일이 일어났어?

4 How did it dry so quickly?　어떻게 이렇게 빨리 말랐어?

5 How did it change?　　　　　어떻게 변했어?

6 How did it get here?　　　　어떻게 여기로 왔어?

7 How did it come to this?　　어떻게 이렇게 됐어?

8 How did it become so popular?　어떻게 이렇게 유명해졌어?

9 How did it start?　　　　　　어떻게 시작했어?

10 How did it feel?　　　　　　느낌이 어땠어?

TIP
- **go** : 가다, 지내다.
- **quickly** : 빨리
- **popular** : 유명한

3

How did you like + 명사?

: ~는 어땠어?

회화패턴문장

1 How did you like the girl? 그 여자 어땠어?

2 How did you like the presentation? 그 발표회 어땠어?

3 How did you like the party? 그 파티 어땠어?

4 How did you like the movie? 영화 어땠어?

5 How did you like the food? 음식 어땠어?

6 How did you like your honeymoon? 신혼여행 어땠어?

7 How did you like your previous job? 이전 직장은 어땠어?

8 How did you like the performance? 연주회 어땠어?

9 How did you like today's game? 오늘 경기 어땠어?

10 How did you like your stay with us? 우리와 함께 지내서 어땠어?

TIP
- **the presentation** : 발표회
- **honeymoon** : 신혼여행
- **previous job** : 이전 직장
- **the performance** : 연주회

4

How do you like + 명사(형)?
: ~는 어때?

회화패턴문장

1 How do you like your new job? | 새 직장 어때?

2 How do you like your new car? | 새 차 어때?

3 How do you like my hair style? | 내 머리 스타일 어때?

4 How do you like the result of the meeting? | 회의 결과가 어때?

5 How do you like our new store? | 새로 문 연 우리 가게 어때?

6 How do you like your new girlfriend? | 새로운 여자 친구 어때?

7 How do you like living in Dubai? | 두바이에서 사는 거 어때?

8 How do you like working night shifts? | 야간에 근무하는 거 어때?

9 How do you like being married to him? | 그와의 결혼 생활 어때?

10 How do you like working here? | 여기서 일하는 거 어때?

TIP
- **the result of ~** : ~의 결과
- **meeting** : 회의
- **night shifts** : 야간 근무 교대

5   How do you know + 명사/문장?

: ~ 어떻게 알아?

회화패턴문장

1 How do you know each other?	서로 어떻게 알아?
2 How do you know this place?	여기 어떻게 알아?
3 How do you know my parents?	우리 부모님 어떻게 알아?
4 How do you know without trying?	해 보지도 않고 네가 어떻게 알아?
5 How do you know he's smart?	그가 똑똑한 것을 네가 어떻게 알아?
6 How do you know he's lying?	그가 거짓말하는지 어떻게 알아?
7 How do you know when it is ready?	준비됐는지 어떻게 알아?
8 How do you know what I am thinking of?	내가 뭘 생각하는지 네가 어떻게 알아?
9 How do you know where the restaurant is?	식당이 어디 있는지 어떻게 알아?
10 How do you know if they are coming?	그들이 오는지 어떻게 알아?

> **TIP**
> - **each other** : 서로서로
> - **without trying** : 해 보지도 않고

6

How would I know + 명사/문장?

: ~ 어떻게 알겠어?

회화패턴문장

1 How would I know this?   이것을 내가 어떻게 알겠어?

2 How would I know her?   그 여자를 내가 어떻게 알겠어?

3 How would I know she wasn't there?   그녀가 거기 없던 것을 내가 어떻게 알겠어?

4 How would I know if you are at home?   네가 집에 있는지 내가 어떻게 알겠어?

5 How would I know if it will rain?   비가 올지 내가 어떻게 알겠어?

6 How would I know what she wants?   그녀가 무엇을 원하는지 내가 어떻게 알겠어?

7 How would I know what's happening?   무슨 일이 일어나는지 내가 어떻게 알겠어?

8 How would I know what they are doing?   그들이 뭘 하는지 내가 어떻게 알겠어?

9 How would I know when she will come?   그녀가 언제 올지 내가 어떻게 알겠어?

10 How would I know why they asked us to wait?   우리한테 왜 기다리라고 하는지 내가 어떻게 알겠어?

TIP
- **be at home** : 집에 있다.
- **what's happening** : 무슨 일이 일어나고 있다.

7 How could you + 동사?

: 어떻게 ~할 수가 있지?

회화패턴문장

1 How could you do that?　　　　어떻게 그럴 수가 있지?

2 How could you talk like that?　　어떻게 그렇게 말할 수가 있지?

3 How could you forget this?　　　어떻게 이것을 잊을 수가 있지?

4 How could you have been so naive?　어떻게 그렇게 순진할 수가 있지?

5 How could you like that book?　　어떻게 저 책을 좋아할 수가 있지?

6 How could you leave me?　　　　어떻게 날 떠날 수가 있지?

7 How could you be such a stranger?　어떻게 발길을 딱 끊을 수가 있지?

8 How could you be so shameless?　어떻게 그리 뻔뻔할 수가 있지?

9 How could you not think of me?　어떻게 나를 생각 안 할 수가 있지?

10 How could you not tell me?　　　어떻게 말하지 않을 수가 있지?

> **TIP** – be such a stranger : 연락을 끊다.
> – shameless : 뻔뻔한

8

How dare you + 동사?

: 어떻게 감히 ~하지?

회화패턴문장

1 How dare you ask me such a thing? 어떻게 감히 나한테 그런 것을 부탁하지?

2 How dare you order me? 어떻게 감히 나한테 명령을 하지?

3 How dare you talk back to me? 어떻게 감히 나한테 말대꾸를 하지?

4 How dare you cheat on me? 어떻게 감히 바람을 피우지?

5 How dare you deceive me? 어떻게 감히 나를 속이려 한 거지?

6 How dare you say that? 어떻게 감히 그런 말을 할 수 있지?

7 How dare you show up at my wedding? 어떻게 감히 내 결혼식에 나타나지?

8 How dare you go into my room? 어떻게 감히 내 방에 들어가지?

9 How dare you be so late? 어떻게 감히 늦을 수가 있지?

10 How dare you be so rude? 어떻게 감히 버릇없이 구는 거지?

TIP
- **dare** : 감히 ~하다.
- **order** : 주문하다, 명령하다.
- **talk back to ~** : ~에게 말대꾸하다.
- **show up** : 불쑥 나타나다.

9 How + 일반 형용사 + 의문문?
: 얼마나 ~인지?

회화패턴문장

1 How handsome is he?   그 남자 얼마나 잘생겼나요?

2 How tall is it?   얼마나 큰가요?

3 How rich is he?   그는 얼마나 부자인가요?

4 How old is this temple?   이 절은 얼마나 오래되었나요?

5 How large is your room?   당신 방은 얼마나 넓은가요?

6 How young is he?   그는 얼마나 어린가요?

7 How fast do I have to pay it back?   내가 얼마나 빨리 갚아야 하나요?

8 How high is the building?   건물이 얼마나 높나요?

9 How bad was she?   그녀가 얼마나 나빴나요?

10 How pretty do I look to you?   제가 당신에게 얼마나 이뻐 보이나요?

TIP
- **handsome** : 잘생긴
- **pay back** : 갚다.

10

How + long + 의문문?
: (시간이) 얼마나 걸리나요?

회화패턴문장

1 How long do you work a day?   하루에 얼마나 일하나요?

2 How long does it take to get to London?   런던까지 얼마나 걸리나요?

3 How long does it take to get the certificate?   자격증 따는 데 얼마나 걸리나요?

4 How long did it take to cook?   요리하는 데 얼마나 걸렸나요?

5 How long did it take you to be here?   여기까지 오는 데 얼마나 걸렸어요?

6 How long have you been working here?   여기서 근무하신 지 얼마나 되셨나요?

7 How long will it take by bus?   버스로 얼마나 걸릴까요?

8 How long will it take by normal postage?   일반 우편으로 얼마나 걸릴까요?

9 How long will you be out of the office?   얼마 동안 부재중일까요?

10 How long will it take to finish your work?   당신 일 끝내는 데 얼마나 걸릴까요?

TIP
- get the certificate : 자격증을 따다.
- by normal postage : 일반 우편으로
- be out of office : 부재중

11 How + far + 의문문?
: (거리가) 얼마나 먼가요?

회화패턴문장

1 How far is the bank? | 은행까지 얼마나 먼가요?

2 How far is the bus station? | 버스 정류장까지 얼마나 먼가요?

3 How far is the beach? | 해변까지 얼마나 먼가요?

4 How far are we from downtown? | 우리 시내까지 가려면 얼마나 먼가요?

5 How far can you jump? | 얼마나 멀리 뛸 수 있나요?

6 How far can humans see? | 인간은 얼마나 멀리 볼 수 있나요?

7 How far away do you live from here? | 여기에서부터 얼마나 멀리 사세요?

8 How far do you run everyday? | 매일 얼마나 멀리 뛰나요?

9 How far can you drive a day? | 하루에 얼마나 멀리 운전할 수 있나요?

10 How far is it from Seoul to Busan? | 서울에서 부산까지 얼마나 먼가요?

TIP
- the beach : 해변가
- away from here : 여기서부터

12

How + soon + 의문문?
: (언제쯤) ~할 수 있나요?

회화패턴문장

1 How soon can I get it? 언제쯤 제가 그것을 받을 수 있나요?

2 How soon can you call me? 언제쯤 제게 전화해 줄 수 있나요?

3 How soon can you come? 언제쯤 올 수 있나요?

4 How soon should I pay you back? 언제쯤 제가 갚아야 하나요?

5 How soon will the test be over? 언제쯤 시험이 끝나나요?

6 How soon can you tell me? 언제쯤 말해 줄 수 있나요?

7 How soon can you pick me up? 언제쯤 저를 데리러 올 수 있나요?

8 How soon can I get the results? 언제쯤 결과를 알 수 있나요?

9 How soon can I get my passport? 언제쯤 제 여권을 받을 수 있나요?

10 How soon can we get your letter? 언제쯤 저희가 편지를 받을 수 있나요?

TIP
- **get it** : 그것을 얻다.
- **be over** : 끝나다.
- **get the results** : 결과를 알다.
- **get one's passport** : 여권을 받다.

13 How + late + 의문문?
: (언제까지) ~하나요?

회화패턴문장

1 How late do you open today? | 오늘 언제까지 영업하시나요?

2 How late can I call you tonight? | 오늘 밤 언제까지 당신께 전화할 수 있나요?

3 How late do I have to work today? | 오늘 언제까지 내가 일해야 하나요?

4 How late can I give it back to you today? | 오늘 언제까지 드리면 돼요?

5 How late are you coming home today? | 오늘 언제까지 올 건가요?

6 How late can I submit it? | 언제까지 제가 그걸 제출해야 하나요?

7 How late do I have to work for you? | 언제까지 제가 일해야 하나요?

8 How late can I apply for a loan? | 언제까지 대출 신청할 수 있는 건가요?

9 How late will the package arrive? | 언제까지 택배가 도착하나요?

10 How late did you sleep last night? | 어제 언제까지 주무신 건가요?

TIP
- **submit** : 제출하다.
- **work for ~** : ~에서 근무하다.
- **apply for ~** : ~에 지원하다, 신청하다.
- **a loan** : 대출

14

How + often + 의문문?

: 얼마나 자주 ~할 수 있나요?

회화패턴문장

1 How often do you eat out?   얼마나 자주 외식하시나요?

2 How often do you exercise each week?   매주 얼마나 자주 운동하시나요?

3 How often do you go to Central Park?   얼마나 자주 센트럴 파크에 가나요?

4 How often do you ride a bicycle?   얼마나 자주 자전거를 타나요?

5 How often do you meet him?   얼마나 자주 그를 만나요?

6 How often should I feed the dog?   얼마나 자주 강아지에게 밥을 줘야 하나요?

7 How often does the bus come?   얼마나 자주 버스가 오나요?

8 How often do you call your parents?   얼마나 자주 부모님께 연락하나요?

9 How often do you watch movies?   얼마나 자주 영화 보나요?

10 How often do you work on weekends?   얼마나 자주 주말에 출근하나요?

TIP   - eat out : 외식하다.
      - feed the dog : 강아지 밥을 주다.

15

How + **many** + (수) + **의문문?**

: 얼마나 많이 ~하나요?

회화패턴문장

1 How many days are there in February?   2월은 며칠이 있나요?

2 How many weeks are there in a year?   1년에 몇 주 있나요?

3 How many people are there in your family?   당신의 가족은 몇 명인가요?

4 How many students are in the classroom?   한 교실에 학생이 얼마나 많아요?

5 How many people are there in your team?   당신 팀에 몇 명 있나요?

6 How many books do you need?   책이 얼마나 많이 필요해요?

7 How many times do you eat out a month?   한 달에 몇 번 외식하세요?

8 How many cups of coffee do you drink a day?   하루에 커피 몇 잔 마시나요?

9 How many hours do you sleep a day?   하루에 몇 시간 자나요?

10 How many times do I have to tell you?   몇 번이나 내가 너한테 말해야 하는 거야?

TIP   - a month : 한 달에
      - a day : 하루에

16

How + much + (양) + 의문문?

: ~이 얼마인가요?

회화패턴문장

1 How much is it?   얼마인가요?

2 How much is the rent?   월세가 얼마인가요?

3 How much is a one-way ticket?   편도 요금이 얼마인가요?

4 How much is the deposit?   보증금이 얼마인가요?

5 How much is a pass for a day?   하루 이용권이 얼마인가요?

6 How much is it to send a fax?   팩스 보내려면 비용이 얼마인가요?

7 How much do you weigh?   체중이 얼마인가요?

8 How much time do you have?   시간이 얼마나 있나요?

9 How much money do you have?   가지고 있는 돈이 얼마인가요?

10 How much work do you have to handle a day?
하루 업무량이 얼마나 되나요?

17

How + about + 명사(형)?

: ~하는 게 어때?

회화패턴문장

1 How about a drink? | 한잔하는 거 어때?

2 How about Friday at six? | 금요일 6시 어때?

3 How about at the same time tomorrow? | 내일 같은 시간 어때?

4 How about one last drink? | 마지막으로 한잔 어때?

5 How about having dinner together? | 같이 저녁 먹는 거 어때?

6 How about calling again in five minutes? | 5분 있다가 다시 전화하는 거 어때?

7 How about hanging out tonight? | 오늘 저녁에 만나는 건 어때?

8 How about taking a short break? | 잠시 쉬는 건 어때?

9 How about if I order some lunch? | 내가 점심 주문하는 거 어때?

10 How about if we try this? | 우리 이거 한번 해 보는 거 어때?

TIP
- **the same time** : 같은 시간
- **hang out** : 즐기다, 어울리다.
- **take a short break** : 잠시 쉬다.

18

How + come + 문장?
: 어째서 ~하지?

회화패턴문장

1 How come you were so late?   어째서 너 그렇게 늦었지?

2 How come you are so tired?   어째서 너 그렇게 피곤하지?

3 How come you didn't have lunch?   어째서 너 점심 안 먹었지?

4 How come you had no time?   어째서 너 시간이 없지?

5 How come you broke up with her?   어째서 너 그녀랑 깨졌지?

6 How come you got so mad at your wife?   어째서 너 네 부인에게 화났지?

7 How come you applied for our company?   어째서 우리 회사에 지원했죠?

8 How come you never call?   어째서 한 번도 전화를 안 하지?

9 How come this is more expensive?   어째서 이게 더 비싼 거지?

10 How come you fell in love with him?   어째서 그와 사랑에 빠졌지?

TIP
- **have no time** : 시간이 없다.
- **fall in love** : 사랑에 빠지다.
- **more expensive** : 더 비싼

032 WHY 의문사

1

Why do you + 동사?

: 왜 ~해?

회화패턴문장

1 Why do you like it so much? | 왜 그것을 그렇게 좋아해?

2 Why do you look so tired? | 왜 그렇게 피곤해 보여?

3 Why do you look so nervous? | 왜 그렇게 긴장돼 보여?

4 Why do you look so angry? | 왜 이렇게 화나 보여?

5 Why do you feel like that? | 왜 그렇게 느껴?

6 Why do you sleep so late? | 왜 이렇게 늦게 자?

7 Why do you think you are fat? | 왜 본인이 뚱뚱하다고 생각해?

8 Why do you want to work here? | 왜 여기서 일하고 싶어?

9 Why do you travel alone? | 왜 혼자 여행해?

10 Why do you think this is interesting? | 왜 이것이 재미있다고 생각해?

TIP
- **nervous** : 긴장된
- **fat** : 뚱뚱한
- **alone** : 혼자

2

Why don't you + 동사?

: ~하는 게 어때?

회화패턴문장

1 Why don't you ask him? | 그에게 부탁해 보는 게 어때?

2 Why don't you join us for a lunch? | 점심 우리랑 같이 먹는 게 어때?

3 Why don't you come inside for a while? | 잠깐 안으로 들어오는 게 어때?

4 Why don't you lower the price a little? | 조금만 가격 낮춰 주시는 게 어때요?

5 Why don't you call customer service? | 고객 서비스에 전화해 보는 게 어때?

6 Why don't you see a doctor? | 병원 가 보는 게 어때?

7 Why don't you try it on? | 이거 한번 입어 보는 게 어때?

8 Why don't you take a bus instead of a taxi? | 택시 대신에 버스 타는 게 어때?

9 Why don't you get a refund? | 환불받는 건 어때?

10 Why don't you take off your coat? | 네 코트 좀 벗는 게 어때?

TIP
- **for a while** : 잠시 동안
- **customer service** : 고객 서비스
- **get a refund** : 환불받다.
- **lower the price** : 가격을 낮추다.
- **instead of ~** : ~ 대신에
- **take off** : 벗다.

3 **Why are you always** + 형용사/동사진행형?

: 왜 항상 ~해?

회화패턴문장

1 Why are you always so busy?　　왜 항상 그렇게 바쁘니?

2 Why are you always so late?　　왜 항상 그렇게 늦니?

3 Why are you always wearing hats?　　왜 항상 모자 쓰니?

4 Why are you always wearing black?　　왜 항상 검은색만 입니?

5 Why are you always happy?　　왜 항상 즐거운 거니?

6 Why are you always stressed out?　　왜 항상 스트레스를 받니?

7 Why are you always exhausted?　　왜 항상 지쳐 보이니?

8 Why are you always lying?　　왜 항상 거짓말하니?

9 Why are you always asking for money?　　왜 항상 돈 달라고 하니?

10 Why are you always hanging out with him?
왜 항상 그 애랑 어울리니?

4

Why should + 동사?
: 왜 내가 ~해야 하는데?

회화패턴문장

1 **Why should** I worry? 　　　　　　왜 내가 걱정해야 하는데?

2 **Why should** I read the books? 　　　왜 내가 책을 읽어야 하는데?

3 **Why should** I believe you? 　　　　왜 내가 널 믿어야 하는데?

4 **Why should** I apologize to her? 　　왜 내가 그녀에게 사과해야 하는데?

5 **Why should** I ask for your help? 　　왜 내가 너에게 도움을 요청해야 하는데?

6 **Why should** I wait for your call? 　　왜 내가 네 전화를 기다려야 하는데?

7 **Why should** I forgive you? 　　　　왜 내가 너를 용서해야 하는데?

8 **Why should** I lose weight? 　　　　왜 내가 살을 빼야 하는데?

9 **Why should** I study so hard? 　　　왜 내가 이렇게 열심히 공부해야 하는데?

10 **Why should** I help you with your work? 　왜 내가 네 일을 도와줘야 하는데?

TIP	- **worry** : 걱정하다. - **apologize to** ~ : ~에게 사과하다.

033 WHO 의문사

1 Who is your + 명사?

: 당신의 ~가 누구인가요?

회화패턴문장

1	**Who is your** advisor?	당신의 담당 교수가 누구인가요?
2	**Who is your** boss?	당신의 상관이 누구인가요?
3	**Who is your** rival?	당신의 경쟁자는 누구인가요?
4	**Who is your** fiance?	당신의 약혼자는 누구인가요?
5	**Who is your** maid of honor?	당신의 들러리가 누구인가요?
6	**Who is your** best friend?	당신의 가장 친한 친구가 누구인가요?
7	**Who is your** favorite athlete?	당신이 가장 좋아하는 운동선수는 누구인가요?
8	**Who is your** favorite teacher?	당신이 가장 좋아하는 선생님은 누구인가요?
9	**Who is your** favorite actor?	당신이 가장 좋아하는 배우는 누구인가요?
10	**Who is your** favorite author?	당신이 가장 좋아하는 작가는 누구인가요?

TIP
- **advisor** : 담당 교수
- **rival** : 경쟁자
- **fiance** : 약혼사
- **maid of honor** : 들러리

2

Who wants + 명사/to + 동사?

: ~할 사람?

회화패턴문장

1 **Who wants** ice cream? | 아이스크림 먹을 사람?

2 **Who wants** the last piece of pizza? | 피자 마지막 조각 먹을 사람?

3 **Who wants** the drum-stick? | 치킨 다리 먹을 사람?

4 **Who wants** a day off? | 오늘 쉬고 싶은 사람?

5 **Who wants** to come for a walk? | 산책 갈 사람?

6 **Who wants** to go on a boat? | 보트 타러 갈 사람?

7 **Who wants** to go to the party tomorrow? | 내일 파티 갈 사람?

8 **Who wants** to go to dinner? | 저녁 먹으러 갈 사람?

9 **Who wants** to go fishing? | 낚시하러 가고 싶은 사람?

10 **Who wants** to take the lead role? | 주인공 하고 싶은 사람?

TIP
- **the last piece** : 마지막
- **the drum-stick** : 치킨 다리
- **come for a walk** : 산책하다.
- **take the lead role** : 주인공을 맡다, 주인공 역할을 하다.

3

Who is going to + 동사?

: 누가 ~할 거지?

회화패턴문장

1 Who's going to drive for me?   누가 나 대신 운전할 거지?

2 Who's going to pay for that?   누가 이거 계산할 거지?

3 Who's going to use this?   누가 이거 사용할 거지?

4 Who's going to take care of him?   누가 그를 돌볼 거지?

5 Who's going to marry her?   누가 그녀랑 결혼할 거지?

6 Who's going to play with me?   누가 나랑 놀 거야?

7 Who's going to go with him?   누가 그와 같이 갈 거지?

8 Who's going to handle this?   누가 이 일을 처리할 거지?

9 Who's going to order pizza?   누가 피자 주문할 거지?

10 Who's going to do the laundry?   누가 빨래할 거지?

TIP
- drive for somesone : ~ 대신 운전하다.
- pay for ~ : ~를 지불하다.
- handle : 처리하다.

4

Who cares if + 문장?

: ~하면 뭐 어때?

회화패턴문장

1 Who cares if you come late? 네가 좀 늦게 오면 뭐 어때?

2 Who cares if you're wrong? 네가 좀 틀리면 뭐 어때?

3 Who cares if you're not good at math? 네가 수학 좀 못하면 뭐 어때?

4 Who cares if you fail? 네가 실패하면 뭐 어때?

5 Who cares if you don't have a job? 네가 직업이 없으면 뭐 어때?

6 Who cares if you're short? 네가 키가 작으면 뭐 어때?

7 Who cares if she gained some weight? 그녀가 살이 좀 쪘어도 뭐 어때?

8 Who cares if you're not perfect? 네가 완벽하지 않아도 뭐 어때?

9 Who cares if she says no? 그녀가 거절해도 뭐 어때?

10 Who cares if you're last? 네가 꼴찌여도 뭐 어때?

TIP
- **be good at ~** : ~에 능통하다.
- **gain weight** : 살찌다.
- **be last** : 꼴찌이다.

5

Who else + 동사?

: 또 누가 ~해?

회화패턴문장

1 Who else wants this? | 또 누가 이걸 원해?

2 Who else wants some coffee? | 또 누가 커피 마시고 싶어?

3 Who else wants chicken for lunch? | 또 누가 점심에 치킨 먹고 싶어?

4 Who else wants to go home? | 또 누가 집에 가고 싶어?

5 Who else needs more time? | 또 누가 시간이 더 필요해?

6 Who else wants to join us? | 또 누가 우리랑 같이 해?

7 Who else is going with you? | 또 누구랑 가?

8 Who else asked you? | 또 누가 물어봤어?

9 Who else wants to attend the lecture? | 또 누가 강연에 참석하길 원해?

10 Who else knows about this accident? | 또 누가 이 사고에 대해 알아?

TIP - join us : 우리와 같이 하다.
- attend the lecture : 강연에 참석하다.

6

Who would + 동사?

: 누가 ~하겠어?

회화패턴문장

1 Who would like him? 누가 그를 좋아하겠어?

2 Who would eat it? 누가 그걸 먹겠어?

3 Who would hire her? 누가 그녀를 고용하겠어?

4 Who would marry him? 누가 그와 결혼하겠어?

5 Who would understand this situation? 누가 이 상황을 이해하겠어?

6 Who would ask for help? 누가 도와 달라고 하겠어?

7 Who would stay here? 누가 여기에 머물겠어?

8 Who would meet her? 누가 그녀랑 만나겠어?

9 Who would like to sit in the sun? 누가 땡볕에 앉는 걸 좋아하겠어?

10 Who would do such a horrible thing? 누가 이런 끔찍한 일을 저지르겠어?

| TIP | - hire : 고용하다. |
| | - horrible : 끔찍한 |

034 WHEN 의문사

1

When did you + 동사?

: 너 언제 ~했니?

회화패턴문장

1 **When did you** have a meal? 너 언제 밥 먹었니?

2 **When did you** visit New York? 너 언제 뉴욕 갔었니?

3 **When did you** get a new phone? 너 언제 새 휴대폰 산 거니?

4 **When did you** learn how to drive? 너 언제 운전 배웠니?

5 **When did you** make the reservation? 너 언제 예약했니?

6 **When did you** hear about it? 너 언제 그것에 대해서 들었니?

7 **When did you** graduate from university? 너 언제 대학 졸업했니?

8 **When did you** start working here? 너 언제 여기서 일 시작했니?

9 **When did you** first notice him? 너 언제 그 사람 처음으로 알아봤니?

10 **When did you** last see him? 너 언제 마지막으로 그 사람 봤니?

TIP
- **have a meal** : 식사하다.
- **make the reservation** : 예약하다.
- **graduate** : 졸업하다.
- **notice** : 알아보다.

2

When do you plan to + 동사?

: 언제 ~할 계획이야?

회화패턴문장

1 When do you plan to leave for abroad? 　언제 해외에 갈 계획이야?

2 When do you plan to visit here? 　언제 여기 방문할 계획이야?

3 When do you plan to get married? 　언제 결혼할 계획이야?

4 When do you plan to move out? 　언제 이사 갈 계획이야?

5 When do you plan to throw a party? 　언제 파티 열 계획이야?

6 When do you plan to meet him? 　언제 그를 만나러 갈 계획이야?

7 When do you plan to arrive? 　언제 도착할 계획이야?

8 When do you plan to leave the company? 　언제 회사 그만둘 계획이야?

9 When do you plan to give me your resume? 　언제 이력서 줄 계획이야?

10 When do you plan to stop by? 　언제 들를 계획이야?

> **TIP**
> - **leave for abroad** : 해외로 가다.
> - **get married** : 결혼하다.
> - **move out** : 이사 가다.
> - **stop by** : 들르다.

3

When was the last time + 문장?

: 마지막으로 ~한 게 언제죠?

회화패턴문장

1
When was the last time you tried?
마지막으로 해 본 게 언제죠?

2
When was the last time you saw her?
마지막으로 그녀를 본 게 언제죠?

3
When was the last time you went outside?
마지막으로 외출한 게 언제죠?

4
When was the last time you went shopping?
마지막으로 쇼핑한 게 언제죠?

5
When was the last time you went on a date?
마지막으로 데이트한 게 언제죠?

6
When was the last time you traveled by train?
마지막으로 기차 여행한 게 언제죠?

7
When was the last time you got an oil change?
마지막으로 엔진 오일 교환한 게 언제죠?

8
When was the last time you went to the movies?
마지막으로 영화 보러 간 게 언제죠?

9
When was the last time you had a girl friend?
마지막으로 여자 친구 있던 게 언제죠?

10
When was the last time you cleaned your room?
마지막으로 방 청소한 게 언제죠?

035 WHERE 의문사

1

Where can I + 동사?
: 어디에서 ~할 수 있죠?

회화패턴문장

1 Where can I find the restroom? | 어디에 화장실이 있죠?

2 Where can I buy a ticket? | 어디에서 표를 살 수 있죠?

3 Where can I leave my baggage? | 어디에 제가 가방 둘 수 있죠?

4 Where can I get on the subway? | 어디에서 제가 지하철 탈 수 있죠?

5 Where can I put my coat? | 어디에 제가 코트 놓을 수 있죠?

6 Where can I have some coffee? | 어디에서 커피를 마실 수 있죠?

7 Where can I find the information desk? | 어디에서 안내소를 찾을 수 있죠?

8 Where can I park my car? | 어디에서 주차할 수 있죠?

9 Where can I change my money? | 어디에서 환전할 수 있죠?

10 Where can I withdraw my money? | 어디에서 돈 인출하면 되죠?

TIP
- **the restroom** : 화장실
- **leave my baggage** : 가방을 맡기다.
- **withdraw** : 인출하다.

232

2

Where did you + 동사?

: 어디에/어디에서/어디로 ~했어요?

회화패턴문장

1 Where did you live before?   전에 어디에서 살았어요?

2 Where did you hear that?   그거 어디에서 들었어요?

3 Where did you leave the keys?   열쇠 어디에 두셨어요?

4 Where did you visit during your trip?   여행 중 어디에 들르셨어요?

5 Where did you get this information?   이 정보 어디에서 구했어요?

6 Where did you meet him?   그를 어디에서 만났어요?

7 Where did you stay all night?   밤새 어디에 있었어요?

8 Where did you buy this jacket?   이 재킷 어디에서 사셨어요?

9 Where did you hear the news?   소식은 어디에서 들으셨어요?

10 Where did you learn how to knit?   뜨개질하는 것은 어디서 배웠어요?

TIP
- **get this information** : 이 정보를 얻다.
- **stay all night** : 밤새우다.
- **how to knit** : 뜨개질하는 법

1 Which way + 의문문 ?
: ~는 어느 쪽인가요?

회화패턴문장

1	**Which way** is the post office?	우체국은 어느 쪽인가요?
2	**Which way** is the subway?	지하철이 어느 쪽인가요?
3	**Which way** is the City hall?	시청이 어느 쪽인가요?
4	**Which way** is the meeting room?	회의실은 어느 쪽인가요?
5	**Which way** is south?	남쪽은 어디인가요?
6	**Which way** are you going?	당신 어느 쪽으로 가나요?
7	**Which way** did they go?	그들은 어느 쪽으로 갔나요?
8	**Which way** do I go from here?	여기에서 어느 쪽으로 가야 하나요?
9	**Which way** do I have to turn?	어느 쪽으로 방향을 돌려야 하나요?
10	**Which way** does the wind blow?	어느 쪽으로 바람은 부나요?

> **TIP**
> - **the post office** : 우체국
> - **the City hall** : 시청
> - **the meeting room** : 회의실

2

Which one do you + 동사?

: 어느 쪽을 ~하세요?

회화패턴문장

1 Which one do you prefer? 어느 쪽을 선호하세요?

2 Which one do you like best? 어느 쪽을 가장 좋아하세요?

3 Which one do you have in mind? 어느 쪽을 마음에 들어하세요?

4 Which one do you want? 어느 쪽을 원하세요?

5 Which one do you recommend for me? 어느 쪽을 추천해 주시겠어요?

6 Which one do you want to choose? 어느 쪽을 선택하고 싶어요?

7 Which one do you want to see? 어느 쪽을 보고 싶으세요?

8 Which one do you think is more luxurious? 어느 쪽이 더 세련돼 보여요?

9 Which one do you think is heavier? 어느 쪽이 더 무거워 보이세요?

10 Which one do you think is mine? 어느 쪽이 제 것 같으세요?

TIP
- recommend : 추천하다.
- luxurious : 세련된, 사치스러운
- heavier : 더 무거운

가장 많이 쓰는
일반 의문문
회화 패턴

CHAPTER 037
WOULD YOU 의문문

1 Would you + 동사?
: ~해 주시겠어요?

회화패턴문장

1 Would you leave for a moment?   잠시 나가 주시겠어요?

2 Would you give me some advice?   조언 좀 해 주시겠어요?

3 Would you please come this way?   이리로 오시겠어요?

4 Would you please close the door?   문 좀 닫아 주시겠어요?

5 Would you wake me up at six?   6시에 깨워 주시겠어요?

6 Would you drive a little slower?   운전 좀 천천히 해 주시겠어요?

7 Would you take a picture of us?   저희 사진 찍어 주시겠어요?

8 Would you help me watch the baby?   아기 보는 것 좀 도와주시겠어요?

9 Would you please take off your hat inside?
실내에서 모자 좀 벗어 주시겠어요?

10 Would you make a reservation for two tonight?
오늘 저녁에 2명 예약해 주시겠어요?

2

Would you like + 명사/to + 동사?

: ~하시겠습니까?

회화패턴문장

1 Would you like some coffee?　　커피 드시겠습니까?

2 Would you like first class?　　1등석으로 하시겠습니까?

3 Would you like a round trip ticket?　　왕복 티켓으로 하시겠습니까?

4 Would you like something to drink?　　뭐 좀 마시겠습니까?

5 Would you like your eggs scrambled?　　계란은 스크램블로 드시겠습니까?

6 Would you like to try it on?　　한번 입어 보시겠습니까?

7 Would you like to go first?　　먼저 가시겠습니까?

8 Would you like to leave a message?　　메시지 남겨 드릴까요?

9 Would you like to eat more?　　더 드시겠습니까?

10 Would you like to see a movie tonight?　　오늘 밤 영화 한 편 보시겠습니까?

TIP　- **first class** : 1등석
　- **a round trip ticket** : 왕복 티켓
　- **scramble** : 뒤섞다.

239

3 **What would you like** + 명사/to + 동사?

: 무엇으로 ~하시겠습니까?

회화패턴문장

1 What would you like for dessert?   디저트는 무엇으로 하시겠습니까?

2 What would you like on your salad?   샐러드 위에 무엇을 하시겠습니까?

3 What would you like to drink?   무엇을 마시겠습니까?

4 What would you like to eat?   무엇을 드시겠습니까?

5 What would you like to do first?   무엇을 먼저 하시겠습니까?

6 What would you like to know?   무엇을 알고 싶으십니까?

7 What would you like to know about him?   그에 대해 뭘 알고 싶습니까?

8 What would you like to learn about?   무엇에 대해 배우고 싶습니까?

9 What would you like to get for your birthday?
생일 선물로 무엇을 받고 싶습니까?

10 What would you like to see when you visit Europe?
유럽 가면 무엇을 보고 싶습니까?

4 **How would you like** + 명사/to + 동사?

: 어떻게 ~하시겠습니까?

회화패턴문장

1 How would you like your egg? 　　달걀 어떻게 하시겠습니까?

2 How would you like your steak? 　　스테이크 어떻게 하시겠습니까?

3 How would you like your coffee? 　　커피 어떻게 하시겠습니까?

4 How would you like your meal? 　　식사는 어떻게 하시겠습니까?

5 How would you like your 100 dollars? 　　100불 어떻게 하시겠습니까?

6 How would you like to pay? 　　계산 어떻게 하시겠습니까?

7 How would you like this cooked? 　　어떻게 요리하시겠습니까?

8 How would you like me to do your hair? 　　머리 어떻게 하시겠습니까?

9 How would you like to spend the rest of the day?
남은 날 어떻게 보내시겠습니까?

10 How would you like me to address you? 　　어떻게 불러 드릴까요?

5

When would you like to + 동사?

: 언제 ~하시겠습니까?

회화패턴문장

1 **When would you like to** leave?   언제 떠나시겠습니까?

2 **When would you like to** meet?   언제 만나시겠습니까?

3 **When would you like to** come?   언제 오시겠습니까?

4 **When would you like to** speak?   언제 말씀하시겠습니까?

5 **When would you like to** go out?   언제 외식하시겠습니까?

6 **When would you like to** go to the mall?   언제 백화점에 가시겠습니까?

7 **When would you like to** announce it?   언제 그것 발표하시겠습니까?

8 **When would you like to** tell me?   언제 제게 말해 주시겠습니까?

9 **When would you like to** go for a walk?   언제 산책 가시겠습니까?

10 **When would you like to** pay?   언제 계산하시겠습니까?

> **TIP** – **go out** : 외식하다.
> – **announce** : 발표하다.
> – **go for a walk** : 산책하다.

6

Where would you like to + 동사?

: 어디에 ~하시겠습니까?

회화패턴문장

1 **Where would you like to sit?** 어디에 앉으시겠습니까?

2 **Where would you like to wait?** 어디서 기다리시겠습니까?

3 **Where would you like to begin?** 어디서부터 시작하시겠습니까?

4 **Where would you like to have dinner?** 어디서 저녁 드시겠습니까?

5 **Where would you like to go this evening?** 오늘 밤 어디로 가시겠습니까?

6 **Where would you like to meet her?** 그녀를 어디서 만나시겠습니까?

7 **Where would you like to get off?** 어디서 내리시겠습니까?

8 **Where would you like to go to shop?** 어디에서 쇼핑하시겠습니까?

9 **Where would you like to watch a movie?** 어디에서 영화 보시겠습니까?

10 **Where would you like to go on vacation?** 휴가 때 어디 가시겠습니까?

TIP - get off : 내리다.

243

7　**Would you like me to** + 동사?

: 제가 ~해 드릴까요?

회화패턴문장

1 Would you like me to bring any samples?　제가 샘플 좀 가져다 드릴까요?

2 Would you like me to bring some coffee?　제가 커피 좀 가져다 드릴까요?

3 Would you like me to take you there?　제가 거기로 모셔다 드릴까요?

4 Would you like me to send an application?　제가 추천서 보내 드릴까요?

5 Would you like me to pick you up?　제가 모시러 갈까요?

6 Would you like me to help you?　제가 도와 드릴까요?

7 Would you like me to teach you?　제가 가르쳐 드릴까요?

8 Would you like me to try it once?　제가 한번 시도해 볼까요?

9 Would you like me to hug you?　제가 안아 드릴까요?

10 Would you like me to be with you?　제가 같이 있어 드릴까요?

TIP
- **sample** : 표본, 보기, 샘플
- **an application** : 원서, 지원서
- **hug** : 안다, 포옹하다.

MEMO

가장 많이 쓰는
완료문장
회화 패턴

038 HAVE + 완료형 동사 평서문

1

I have done + 명사 + 명사/명사형

: ~ 다 했어요.

회화패턴문장

1 I have done it. 그거 다 끝냈어요.

2 I have done my homework. 내 숙제 다 했어요.

3 I have done my part. 제가 해야 할 건 다 했어요.

4 I have done a lot of research. 많은 연구 다 끝냈어요.

5 I have done what you asked. 요청하신 것 다 했어요.

6 I have done everything within my power. 제가 할 수 있는 한 다 했어요.

7 I have done my studying for the test. 시험 공부 다 했어요.

8 I have done all the cleaning. 모든 청소를 다 했어요.

9 I have done the laundry. 빨래를 다 했어요.

10 I have done all my assignments for the week.
이번 주 과제를 모두 다 했어요.

2

I have decided to + 동사

: ~하기로 결정했어요.

회화패턴문장

1 I've decided to buy a new car.　　새 차를 사기로 결정했어요.

2 I've decided to take a trip.　　여행을 떠나기로 결정했어요.

3 I've decided to quit my job.　　직장을 그만두기로 결심했어요.

4 I've decided to tell her the truth.　　그녀에게 사실대로 말하기로 결정했어요.

5 I've decided to accept his apology.　　그의 사과를 받아들이기로 결정했어요.

6 I've decided to forgive you.　　당신을 용서하기로 결정했어요.

7 I've decided to retire next year.　　내년에 은퇴하기로 결정했어요.

8 I've decided to take the offer.　　제안을 받아들이기로 결정했어요.

9 I've decided to lose some weight.　　살 좀 빼기로 결정했어요.

10 I've decided to stop smoking.　　금연하기로 결정했어요.

TIP
- **accept** : 받아들이다.
- **apology** : 사과
- **forgive** : 용서하다.
- **retire** : 은퇴하다.

3

I have been + 형용사 / 동사진행형
: 계속 ~했어요.

회화패턴문장

1 I've been here too long.　　　　　여기 너무 오래 계속 있었어요.

2 I've been busy all along.　　　　　계속 바빴어요.

3 I've been so worried.　　　　　계속 걱정 많이 했어요.

4 I've been a little tired lately.　　　요즘 좀 계속 피곤해요.

5 I've been excited about my new job.　새 직장 때문에 들떴었어요.

6 I've been waiting for you.　　　　　계속 당신 기다리고 있었어요.

7 I've been thinking about you lately.　최근에 당신 생각 했었어요.

8 I've been sleeping all day.　　　　하루 종일 잠만 잤어요.

9 I've been reading a book all morning.　아침 내내 책 읽고 있었어요.

10 I've been walking in the rain.　　　비 오는데 걷고 있었어요.

TIP
- **too long** : 너무 오래
- **all along** : 계속, 내내
- **lately** : 요즘
- **all day** : 하루 종일

4

I have heard + (전치사/that) + 명사/문장

: ~ 들었어요. / ~ 들어 본 적 있어요.

회화패턴문장

1 I've heard of him before.   그의 얘기를 전에 들었어요.

2 I've heard a lot about you.   당신에 대해서는 많이 들었어요.

3 I've heard that song before.   저 노래 전에 들어 본 적 있어요.

4 I've heard about her promotion.   그녀의 승진 소식을 들었어요.

5 I've heard about the story before.   그 이야기에 관해 들어 본 적이 있어요.

6 I've heard that he's a good person.   그가 괜찮은 사람이라고 들었어요.

7 I've heard that the student has good grades.   그 학생이 공부를 잘한다는 얘기를 들었어요.

8 This is the funniest thing I've ever heard.   이것은 제가 들어 본 중 가장 웃긴 얘기네요.

9 It is the saddest news I've ever heard.   이것은 제가 들어 본 중 가장 슬픈 뉴스네요.

10 This is the best thing I've ever heard in years.   이것은 제가 몇 년 동안 들었던 중 최고의 소식이에요.

TIP - promotion : 승진

5

I have seen + 명사

: ~ 봤어요. / ~ 본 적이 있어요.

회화패턴문장

1 I've seen it before.   전에도 그런 걸 본 적이 있어요.

2 I've seen him on a TV show.   TV에서 그를 몇 번 본 적이 있어요.

3 I've seen the Eiffel Tower.   에펠탑을 본 적 있어요.

4 I've seen her on the street.   길 가다가 그녀를 본 적이 있어요.

5 I've seen him here last time.   지난번에 여기서 그를 봤어요.

6 I've seen people helping others.   다른 사람을 돕는 사람들을 봤어요.

7 I've seen her driving a red car.   그녀가 빨간 차를 몰고 있는 것을 봤어요.

8 This is the most beautiful city I've ever seen.   제가 본 가장 아름다운 도시예요.

9 This is the best film I've ever seen.   이것은 제가 본 중 최고의 영화예요.

10 She is the most beautiful girl I've ever seen.   그녀는 제가 본 중 가장 아름다운 소녀예요.

TIP
- **on the street** : 길에서
- **last time** : 지난번에

039 HAVE + YOU 의문문

1 Have you heard + (전치사/that) + 명사/문장?
: ~ 들어 본 적 있나요?

회화패턴문장

1 Have you heard that song before?　저 노래 들어 본 적 있나요?

2 Have you heard of him before?　전에 그에 대해 들어 본 적 있나요?

3 Have you heard about the fire?　그 화재에 대해 들어 본 적 있나요?

4 Have you heard about my grandmother?　제 할머니에 대해 들어 본 적 있나요?

5 Have you heard about electric cars?　전기 차에 대해 들어 본 적 있나요?

6 Have you heard about your new teacher?
당신은 새 선생님에 관해 들어 본 적 있나요?

7 Have you heard from him recently?
최근에 그로부터 소식 들은 적 있나요?

8 Have you heard about the latest trend?
최신 트렌드에 대해 들어 본 적 있나요?

9 Have you heard that we are hiring?
저희가 채용 중이라는 거에 대해 들어 본 적 있나요?

10 Have you heard that we are moving to a new building?
우리가 새 건물로 이사 간다고 들어 본 적 있나요?

2

Have you seen + 명사/문장?

: ~ 본 적 있나요?

회화패턴문장

1 **Have you seen** my tickets? | 제 티켓 본 적 있나요?

2 **Have you seen** my child today? | 오늘 제 아이 본 적 있나요?

3 **Have you seen** my lost dog? | 잃어버린 개를 본 적 있나요?

4 **Have you seen** any good movies lately? | 최근에 괜찮은 영화 본 거 있나요?

5 **Have you seen** her this week? | 이번 주에 그녀를 본 적 있나요?

6 **Have you seen** any of these missing items? | 없어진 이 물건들 본 적 있나요?

7 **Have you seen** a red umbrella lying around here?
이 근처에 놓여 있던 빨간색 우산 본 적 있나요?

8 **Have you seen** the new watch they just launched?
새로 출시한 시계 본 적 있나요?

9 **Have you seen** anyone who looks suspicious?
수상쩍어 보이는 사람 본 적 있나요?

10 **Have you seen** any cars getting towed? | 차가 견인되는 거 본 적 있나요?

3 **Have you ever** + 동사완료형?

: 한 번이라도 ~한 적 있나요?

회화패턴문장

1 **Have you ever** been to Rome?   한 번이라도 로마에 가 본 적 있어요?

2 **Have you ever** been on a plane?   한 번이라도 비행기 타 본 적 있어요?

3 **Have you ever** been on television?   한 번이라도 방송 출연한 적 있어요?

4 **Have you ever** been late to work?   한 번이라도 회사에 지각한 적 있나요?

5 **Have you ever** heard this speaker before?
한 번이라도 이 사람 강연하는 거 들어 본 적 있어요?

6 **Have you ever** seen the Statue of Liberty?   한 번이라도 자유의 여신상을 본 적 있어요?

7 **Have you ever** tried Greek food?   한 번이라도 그리스 음식 먹어 본 적 있어요?

8 **Have you ever** done business with him?   한 번이라도 그와 사업해 본 적 있어요?

9 **Have you ever** met a famous person?   한 번이라도 유명한 사람을 만난 적 있나요?

10 **Have you ever** traveled outside your country?
한 번이라도 해외여행 가 본 적 있나요?

가장 많이 쓰는
가정문장
회화 패턴

가장 많이 쓰는 동사 회화 패턴 • WANT 동사 I want some coffee. BE 동사 I am going to make it. THINK 동사 I think that he is right. LIKE 동사 I like your suit. LOOK 동사 You look good. FEEL 동사 I feel sad. SOUND 동사 It sounds fine, but. SEEM 동사 It seems like yesterday. WONDER 동사 I wonder why he is late. NEED 동사 I need a hand. MIND 동사 Do you mind opening the window? THANK 동사 Thank you for your lunch. CARE 동사 He cares about you. KNOW 동사 I know you care for me. MEAN 동사 I mean, I'm sorry. LET 동사 Let's wait a few more minutes. 가장 많이 쓰는 조동사 회화 패턴 • CAN 조동사 Can I get a drink? HAVE TO 조동사 You have to change your job. SHOULD 조동사 You should speak to her. HAD BETTER / WOULD RATHER 조동사 You'd better be careful. 가장 많이 쓰는 형용사 회화 패턴 • SORRY 형용사 I'm sorry about the mess. HAPPY 형용사 I'm happy with my job. SURE 형용사 I am sure that I you are right. 감정 형용사 I am so glad to see you. 가장 많이 쓰는 전치사 회화 패턴 • IN 전치사 I'm in a hurry. ON 전치사 I'm on the phone. 가장 많이 쓰는 부정문 회화 패턴 • CAN'T 부정문 I can't believe you said that. NEVER 부정문 I never cut classes. DON'T 부정명령문부정 금지문 Don't be so sad. 가장 많이 쓰는 의문사 회화 패턴 • WHAT 의문사 What happened to him? HOW 의문사 How was your blind date? WHY 의문사 Why do you like it so much? WHO 의문사 Who is your advisor? WHEN 의문사 When did you leave it mean? WHERE 의문사 Where can I find the restroom? WHICH 의문사 Which way is the post office? 가장 많이 쓰는 부탁 의문문 회화 패턴 • WOULD YOU 의문문 Would you leave for a moment? 가장 많이 쓰는 완료문장 회화 패턴 • HAVE • 목적 완료문 I have done it. HAVE • YOU 의문문 Have you heard that song before? 가장 많이 쓰는 지정문장 회화 패턴 • IF 지정문 If you have any questions, please ask me now. 가장 많이 쓰는 THERE 회화 패턴 • THERE • BE 동사 There are so many choices. THERE • 조동사 / 일반동사 There must be a solution. IS THERE (의문문) Is there any left? 가장 많이 쓰는 가주어 회화 패턴 • IT IS It's like summer. THAT IS That's why I'm here.

CHAPTER 040
IF 가정문

040 IF 가정문

1

If you have any + 명사

: 만약 질문 있으시면,

회화패턴문장

1
If you have any questions, please ask me now.
만약 질문 있으시면, 지금 질문해 주세요.

2
If you have any questions, please stop by my office.
만약 질문 있으시면, 제 사무실로 방문해 주세요.

3
If you have any questions, please contact our customer service center.
만약 질문이 있으시면, 저희 고객 센터로 연락 주세요.

4
If you have any questions, please do not hesitate to contact me.
만약 질문이 있으시면, 주저하지 말고 연락 주세요.

5
If you have any inquiries, please send us an email.
만약 질문이 있으시면, 메일 보내 주세요.

6
If you have any further questions, please contact me.
만약 다른 문의 사항이 있으시면, 저에게 연락 주세요.

7
If you have any problems, just call me.
만약 문제가 있으시면, 바로 저에게 전화 주세요.

8
If you have any great ideas, please let me know.
만약 좋은 생각 있으시면, 저에게 좀 알려 주세요.

9
If you have any news, please let me know.
만약 소식 있으시면, 연락 주세요.

10
If you have any suggestions, please write them down.
만약 제안할 게 있다면, 적어 주세요.

2 **If there is anything** + 형용사/문장

: 만약 ~한 게 있으시면,

회화패턴문장

1 **If there's anything** wrong, please tell me.
만약 질문 있으시면, 지금 질문해 주세요.

2 **If there's anything** important you need, don't hesitate to ask.
만약 중요한 게 있으면, 주저 말고 요청해 주세요

3 **If there's anything** more to ask, please email me.
만약 더 궁금하신 게 있으시다면, 이메일 주세요.

4 **If there's anything** to talk about, just give me a call.
만약 할 얘기가 있다면, 전화 주세요.

5 **If there's anything** you need, just give me a call.
만약 필요한 게 있으시면, 저에게 전화하세요.

6 **If there's anything** you want, you can talk to me.
만약 원하는 게 있으시면, 저에게 말씀하셔도 돼요.

7 **If there's anything** I should do, email me.
만약 제가 해야 할 일이 있으면, 이메일 주세요.

8 **If there's anything** I can do, please feel free to tell me.
만약 제가 할 일이 있다면, 편하게 말해 주세요.

9 **If there's anything** we can help with, please let us know.
만약 저희가 도울 게 있으면, 알려 주세요.

10 **If there's anything** you left out, let me know before 6p.m.
만약 빠뜨린 게 있으면, 저녁 6시 전까지 알려 주세요.

가장 많이 쓰는
THERE
회화 패턴

041 THERE + BE 동사

1 **There are so many** + 가산명사

: ~이 너무 많아요.

회화패턴문장

1 **There are so many** choices.

선택의 폭이 너무 많아요.

2 **There are so many** dust mites.

진드기가 너무 많아요.

3 **There are so many** people in line.

줄에 사람이 너무 많아요.

4 **There are so many** kinds of coffee.

커피 종류가 너무 많아요.

5 **There are so many** stars in the sky.

하늘에 별이 너무 많아요.

6 **There are so many** people to meet.

만날 사람들이 너무 많아요.

7 **There are so many** places to go.

갈 곳이 너무 많아요.

8 **There are so many** languages to learn.

배울 언어가 너무 많아요.

9 **There are so many** books I want to read.

제가 읽고 싶은 책이 너무 많아요.

10 **There are so many** things we have to do today.
우리가 오늘 해야 할 일이 너무 많아요.

2

There is nothing + 형용사
: ~이 전혀 없어요.

회화패턴문장

1 **There is nothing** left.　　　　　　남아 있는 게 전혀 없어요.

2 **There is nothing** in stock in the garage.　창고에 남은 재고가 전혀 없어요.

3 **There is nothing** more to say.　　　　더는 할 말이 전혀 없어요.

4 **There is nothing** more to worry about.　이제 더 걱정할 것 전혀 없어요.

5 **There is nothing** more to do today.　오늘 더 이상 할 게 없어요.

6 **There is nothing** wrong with this car.　이 차는 전혀 아무 이상 없어요.

7 **There is nothing** wrong with this phone.　핸드폰에 아무 문제 없어요.

8 **There is nothing** we can give up.　우리 양보할 수 있는 건 없어요.

9 **There is nothing** you don't know.　당신이 모르는 건 전혀 없어요.

10 **There is nothing** I want for my birthday.　생일 선물로 아무것도 필요 없어요.

TIP
- left : 남아 있는
- in stock : 재고인, 저장된

3

There is no need to + 동사

: ~할 필요 없어요.

회화패턴문장

1 There is no need to worry.   걱정할 필요 없어요.

2 There is no need to hurry.   서두를 필요 없어요.

3 There is no need to be afraid.   겁낼 필요 없어요.

4 There is no need to get upset.   화낼 필요 없어요.

5 There is no need to thank me.   나한테 고마워할 필요 없어요.

6 There is no need to give it to me.   그거 줄 필요 없어요.

7 There is no need to feel sorry.   미안해할 필요 없어요.

8 There is no need to take it.   가져갈 필요 없어요.

9 There is no need to apologize.   사과할 필요 없어.

10 There is no need to rush back home.   서둘러 집에 갈 필요 없어요.

TIP   - get upset : 화나다.
      - rush back home : 집에 서둘러 가다.

4

There is no way + to 동사/문장

: ~할 방법이 없어.

회화패턴문장

1 There's no way out of this.   여기서 벗어날 수 있는 방법이 없어.

2 There's no way for me to carry this home.   이것 갖고 집에 갈 방법이 없어.

3 There's no way to win this game.   이 게임에 이길 방법이 없어.

4 There's no way to find him.   그를 찾을 방법이 없어.

5 There's no way to clean all this mess.   이 지저분한 것들을 청소할 방법이 없어.

6 There's no way he's telling the truth.   그가 진실을 말하는 것일 리가 없어.

7 There's no way he'll be on time.   그가 제시간에 올 리 없어.

8 There's no way you can finish on time.   네가 제시간에 마칠 리가 없어.

9 There's no way he's lending her his money.   그가 그녀에게 돈을 빌려줄 리가 없어.

10 There's no way your mother won't find out.   너희 엄마가 알아내지 못할 리가 없어.

TIP
- **out of ~** : ~의 밖에, ~를 벗어나는
- **carry** : 가지고 가다, 나르다.
- **be on time** : 제시간에 오다.

5 There will be + 명사
: ~가 있을 거예요.

회화패턴문장

1 There will be a meeting this afternoon. | 오늘 오후에 회의가 있을 거예요.

2 There will be no tests in this class. | 이 수업은 시험이 없을 거예요.

3 There will be another chance. | 또 다른 기회가 있을 거예요.

4 There will be a special lecture tomorrow. | 내일 특별 강연이 있을 거예요.

5 There will be a lot of events. | 다양한 이벤트가 있을 거예요.

6 There will be a small additional charge. | 약간의 추가 요금이 붙을 거예요.

7 There will be a playroom for children. | 아이들을 위한 놀이방이 있을 거예요.

8 There will be a chance of showers tomorrow. | 내일 소나기가 올 가능성이 있을 거예요.

9 There will be plenty food at the wedding. | 결혼식에 충분한 음식이 있을 거예요.

10 There will be time for questions afterwards. | 마치고 질문 시간이 있을 거예요.

TIP
- **another** : 또 다른
- **an additional charge** : 추가 요금
- **plenty** : 많은
- **a lot of** : 많은
- **a chance of ~** : ~의 가능성
- **afterwards** : 마치고, ~ 후에

There must be + 명사

1

: ~이 있을 거예요.

회화패턴문장

1 There must be a solution.
틀림없이 해법이 있을 거예요.

2 There must be some mistake.
틀림없이 실수가 있을 거예요.

3 There must be some reason for it.
틀림없이 어떤 이유가 있을 거예요.

4 There must be evidence.
틀림없이 흔적이 남아 있을 거예요.

5 There must be an alternative.
틀림없이 대안이 있을 거예요.

6 There must be a better way.
틀림없이 더 나은 방법이 있을 거예요.

7 There must be something more.
틀림없이 무언가 더 있을 거예요

8 There must be a different style.
틀림없이 다른 스타일이 있을 거예요.

9 There must be another way to handle this.
틀림없이 이 문제를 해결할 다른 방법이 있을 거예요.

10 There must be another road we can take.
틀림없이 다른 도로가 있을 거예요.

TIP
- **a solution** : 해법, 해결책
- **a reason** : 이유
- **evidence** : 흔적, 증거
- **an alternative** : 대안
- **a better way** : 더 나은 방법

2

There seems to be + 명사

: ~인 거 같아요.

회화패턴문장

1 There seems to be no other way.
다른 방법이 없는 것 같아요.

2 There seems to be a misunderstanding.
오해가 있는 것 같아요.

3 There seems to be some bad news.
나쁜 소식이 있는 것 같아요.

4 There seems to be confusion.
혼란이 있는 것 같아요.

5 There seems to be a minor problem.
작은 문제가 있는 것 같아요.

6 There seems to be a mistake on our bill.
청구서가 잘못된 것 같아요.

7 There seems to be an error in the system.
시스템에 오류가 있는 것 같아요.

8 There seems to be something wrong with my computer.
컴퓨터에 이상이 있는 것 같아요.

9 There seems to be some misunderstanding between us.
우리 사이에 오해가 있는 것 같아요.

10 There seems to be a problem with your credit card.
신용 카드에 문제가 있는 것 같아요.

IS THERE 의문문

1

Is there any + 명사
: ~ 있나요?

회화패턴문장

1 Is there any left?	남은 거 있나요?
2 Is there any more bread?	빵 더 있나요?
3 Is there any place for children to play?	어린이를 위한 장소가 있나요?
4 Is there any nice restaurant around here?	이 근처에 어디 괜찮은 식당 있나요?
5 Is there any landmark around your office?	사무실 근처에 눈에 띄는 큰 건물이 있나요?
6 Is there any interesting news in the paper?	신문에 무슨 재미있는 기사라도 나와 있나요?
7 Is there any progress on the status?	상황에 진전이 있나요?
8 Is there any more news on the accident?	사고에 대해 새로운 기사가 있나요?
9 Is there any item that you are looking for?	찾으시는 물건 있나요?
10 Is there any special brand you like?	특별히 좋아하시는 브랜드라도 있나요?

TIP
- **landmark** : 상징이 되는 명소
- **progress** : 진전, 진척
- **accident** : 사고
- **brand** : 상표, 브랜드

2

Is there anything + 형용사(형)
: ~ 것이 있나요?

회화패턴문장

1 Is there anything exciting?　　　　　뭐 재미있는 것이 있나요?

2 Is there anything we have to bring?　　내일 가져가야 할 것이 있나요?

3 Is there anything we can help with?　　우리가 도울 만한 것이 있나요?

4 Is there anything I haven't seen yet?　제가 아직 못 본 것이 있나요?

5 Is there anything I can do for you?　　제가 해 드릴 것이 있나요?

6 Is there anything I need to know?　　제가 알아야 할 것이 있나요?

7 Is there anything you want to tell me?　저에게 말하고 싶은 것이 있나요?

8 Is there anything we should think about together?
같이 고민해 봐야 할 것이 있나요?

9 Is there anything else you need?　　　더 필요하신 것이 있나요?

10 Is there anything else you would like to buy?　더 사고 싶은 것이 있나요?

3 Is there anyone / anybody

: ~ 누구 있나요?

회화패턴문장

1 Is there anyone out there?   거기 누구 있나요?

2 Is there anybody with you?   동행 누구 있나요?

3 Is there anyone in the conference room?   회의실에 누구 있나요?

4 Is there anybody in the office?   사무실에 누구 있나요?

5 Is there anybody from Korea?   한국에서 온 사람 있나요?

6 Is there anybody who can help me?   날 도와줄 수 있는 사람 누구 있나요?

7 Is there anyone who wants to apply?   지원해 볼 사람 누구 있나요?

8 Is there anyone who wants to ask?   질문하고 싶은 사람 누구 있나요?

9 Is there anyone who can speak French?   프랑스어 하는 사람 있나요?

10 Is there anyone who can answer that?   대답할 수 있는 사람이 누구 있나요?

TIP   - the conference room : 회의실
        - French : 프랑스어

가장 많이 쓰는
가주어
회화 패턴

044 IT IS

1

It is like + 명사(형)/문장

: ~인 것 같아.

회화패턴문장

1 It's like summer.　　　　　　　　여름인 것 같아.

2 It's like my first time here.　　　여기 처음 와 보는 곳인 것 같아.

3 It's like a sauna in here.　　　　사우나에 들어 온 것 같아.

4 It's like the old times.　　　　　옛날로 돌아간 것 같아.

5 It's like today is my birthday.　오늘이 내 생일인 것 같아.

6 It's like we are a family.　　　　우리가 가족인 것 같아.

7 It's like you don't care.　　　　너 신경 안 쓰는 것 같아.

8 It's like you don't need me.　　너 내가 필요 없는 것 같아.

9 It's like talking to a wall.　　　벽에 대고 이야기하는 것 같아.

10 It's like chewing on rubber.　　고무를 씹는 것 같아.

TIP
- **my first time** : 처음
- **the old times** : 옛날
- **chew** : 씹다
- **rubber** : 고무

2

It is likely + 문장/to + 동사

: ~일 가능성이 높아.

회화패턴문장

1 It's likely he will be late. | 그가 늦을 가능성이 높아.

2 It's likely he is sleeping now. | 그는 지금 자고 있을 가능성이 높아.

3 It's likely he forgot. | 그가 잊어버렸을 가능성이 높아.

4 It's likely he will call you again. | 그가 다시 전화할 가능성이 높아.

5 It's likely the meeting will be canceled. | 회의가 취소될 가능성이 높아.

6 It's likely the flight will be delayed. | 비행기가 지연될 가능성이 높아.

7 It's likely she will get a new job. | 그녀가 새로운 직업을 구할 가능성이 높아.

8 It's likely we will start class next week. | 다음 주부터 수업 시작할 가능성이 높아.

9 It's likely to snow tomorrow. | 내일 눈이 내릴 가능성이 높아.

10 It's likely to be delayed. | 연기될 가능성이 높아.

TIP
- **cancel** : 취소하다.
- **delay** : 늦추다, 연기하다.

3 It is just + 명사/It is just that + 문장
: 단지 ~일 뿐이야.

회화패턴문장

1 It's just an excuse.　　　　　　단지 그건 핑계일 뿐이에요.

2 It's just a waste of time.　　　　단지 그건 시간 낭비일 뿐이에요.

3 It's just the beginning.　　　　　단지 그건 시작일 뿐이에요.

4 It's just a misunderstanding.　　단지 그건 오해일 뿐이에요.

5 It's just a little mistake.　　　　단지 작은 실수일 뿐이에요.

6 It's just a monthly check-up.　　단지 정기 검진일 뿐이에요.

7 It's just a rumor.　　　　　　　단지 소문일 뿐이에요.

8 It's just my imagination.　　　　단지 내 상상일 뿐이야.

9 It's just that I'm not used to it.　단지 익숙하지 않을 뿐이에요.

10 It's just that I want to be closer to you.　단지 다가가고 싶었을 뿐이에요.

TIP
- an excuse : 핑계, 변명
- the beginning : 시작
- check-up : 종합 건강 진단, 검진
- a waste of ~ : ~에 대한 낭비
- monthly : 달달이, 매달
- imagination : 상상

4   **It is time** + **for** 명사 / **to** 동사
: ~할 시간이야.

회화패턴문장

1 It's time for lunch.   점심 먹을 시간이야.

2 It's time to go to bed.   이제 잘 시간이야.

3 It's time to do your homework.   숙제할 시간이야.

4 It's time to wrap up this project.   이 프로젝트 마무리할 시간이야.

5 It's time to get ready for school.   학교 갈 준비 할 시간이야.

6 It's time to turn in it.   제출해야 할 시간이야.

7 It's time to wake up.   일어나야 할 시간이야.

8 It's time to go to work.   출근할 시간이야.

9 It's time to go back.   돌아갈 시간이야.

10 It's time to say goodbye.   작별 인사를 해야 할 시간이야.

TIP
- **wrap up** : 단단히 싸다, 챙겨 입다, 회의 등을 마무리 짓다.
- **get ready for ~** : ~할 준비가 되다.
- **turn in** : 제출하다.

5 It is worth + 명사(형)

: ~할 만해요.

회화패턴문장

1 It's worth a visit.   가 볼 만해요.

2 It's worth a try.   시도해 볼 만해요.

3 It's worth it.   그럴 할 만해요.

4 It's worth reading.   읽어 볼 만해요.

5 It's worth considering.   고려해 볼 만해요.

6 It's worth loving him.   그를 사랑할 만해요.

7 It's worth investing.   투자할 만해요.

8 It's worth buying.   살 만해요.

9 It's worth visiting.   방문할 만해요.

10 It's worth living here.   여긴 거주할 만해요.

TIP
- **a visit** : 방문
- **a try** : 시도
- **consider** : 고려하다.
- **invest** : 투자하다.

6

It is no wonder (that) + 문장

: ~할 만도 해요.

회화패턴문장

1 It's no wonder you're tired. | 당신 피곤할 만도 해요.

2 It's no wonder you don't like him. | 당신이 그를 싫어할 만도 해요.

3 It's no wonder she was so upset. | 그녀가 그렇게 화낼 만도 해요.

4 It's no wonder the ticket prices are so high. | 티켓 값이 그렇게 비쌀 만도 해요.

5 It's no wonder he has failed. | 그가 실패할 만도 해요.

6 It's no wonder he is depressed. | 그가 우울해할 만도 해요.

7 It's no wonder you are single. | 당신이 싱글일 만도 해요.

8 It's no wonder you don't have any friends. | 당신이 친구가 없을 만도 해요.

9 It's no wonder she doesn't like you. | 그녀가 당신을 싫어할 만도 해요.

10 It's no wonder he won't talk to you. | 그가 당신과 얘기하고 싶지 않을 만도 해요.

TIP
- **depressed** : 우울한, 침울한
- **price is high** : 가격이 비싸다.
- **single** : 싱글, 혼자

7

It is no use + 명사형(~ing)

: ~해 봤자 소용없어.

회화패턴문장

1 It's no use talking to him.   그에게 말해 봤자 소용없어.

2 It's no use crying.   울어 봤자 소용없어.

3 It's no use apologizing.   사과해 봤자 소용없어.

4 It's no use complaining.   불평해 봤자 소용없어.

5 It's no use trying.   시도해 봤자 소용없어.

6 It's no use cleaning up.   청소해 봤자 소용없어.

7 It's no use lying.   거짓말해 봤자 소용없어.

8 It's no use telling the truth.   솔직하게 말해 봤자 소용없어.

9 It's no use giving up.   포기해 봤자 소용없어.

10 It's no use blaming your friend.   친구 탓을 해 봤자 소용없어.

TIP
- **complain** : 불평하다.
- **clean up** : 대청소하다.
- **blame** : 남을 헐뜯다.

8

It is not like you to + 동사

: ~하다니 당신답지 않아.

회화패턴문장

1 It's not like you to be shy.
쑥스러워하다니 당신답지 않아.

2 It's not like you to be late for work.
지각하다니 당신답지 않아.

3 It's not like you to be so quiet.
그렇게 조용하다니 당신답지 않아.

4 It's not like you to be depressed.
그렇게 기운이 없다니 당신답지 않아.

5 It's not like you to get so upset.
그렇게 화를 내다니 당신답지 않아.

6 It's not like you to say sorry.
사과하다니 당신답지 않아.

7 It's not like you to give up.
포기하다니 당신답지 않아.

8 It's not like you to skip class.
수업을 안 가다니 당신답지 않아.

9 It's not like you to miss the party.
파티에 참석 안 하다니 당신답지 않아.

10 It's not like you to drink so much.
그렇게 과음을 하다니 당신답지 않아.

TIP
- shy : 수줍은
- quiet : 조용한
- skip : 깡충 뛰다, 넘어가다.
- skip class : 수업을 빼다.

9

Is it true (that) + 문장?
: ~한다는 게 사실인가요?

회화패턴문장

1 Is it true that you now have a girlfriend? | 여자 친구 생겼다는 게 사실인가요?

2 Is it true that she's leaving? | 그녀가 떠난다는 게 사실인가요?

3 Is it true that you're retiring soon? | 곧 은퇴한다는 게 사실인가요?

4 Is it true that his mother passed away? | 그의 어머니가 돌아가셨다는 게 사실인가요?

5 Is it true that he cheated on her? | 그가 바람을 피웠다는 게 사실인가요?

6 Is it true that you are having twins? | 쌍둥이 임신했다는 게 사실인가요?

7 Is it true that he is getting a divorce? | 그가 이혼한다는 게 사실인가요?

8 Is it true that she won first place? | 그녀가 우승했다는 게 사실인가요?

9 Is it true that you are moving to another city?
다른 도시로 이사 간다는 게 사실인가요?

10 Is it true that you are looking for another job?
다른 직업을 찾고 있다는 것이 사실인가요?

10   **Is it okay to** + 동사/문장?

: ~해도 되나요?

회화패턴문장

1 Is it okay to park here?   여기에 주차해도 되나요?

2 Is it okay to call you right now?   당신에게 지금 전화해도 되나요?

3 Is it okay to use your cell phone?   당신 핸드폰 사용해도 되나요?

4 Is it okay to turn on the TV?   TV 좀 켜도 되나요?

5 Is it okay if I ask you something?   질문 좀 해도 되나요?

6 Is it okay if I borrow this book?   이 책 좀 빌려 가도 되나요?

7 Is it okay if I sit here?   여기 앉아도 되나요?

8 Is it okay if I leave my bags here?   여기에 제 가방 좀 둬도 되나요?

9 Is it okay if I bring my friend to the party?   파티에 친구 데려가도 되나요?

10 Is it okay if I sleep at your house?   당신의 집에서 자고 가도 되나요?

TIP
- **turn on** : (전기, 수도, 가스 등을) 켜다.
- **borrow** : 빌리다.

11

Is it possible to + 동사?

: ~할 수 있을까요?

회화패턴문장

1 Is it possible to see her again? 그녀를 다시 만날 수 있을까요?

2 Is it possible to stay two more days? 이틀 더 머물 수 있을까요?

3 Is it possible to get tickets for the game? 그 경기 입장권을 구할 수 있을까요?

4 Is it possible to go on a trip with you? 당신과 여행을 떠날 수 있을까요?

5 Is it possible to make an advance payment? 가불할 수 있을까요?

6 Is it possible to do both? 둘 다 할 수 있을까요?

7 Is it possible to put off our meeting until the 25th?
다음 25일까지 회의를 미룰 수 있을까요?

8 Is it possible to work in the company? 내가 그 회사에서 일할 수 있을까요?

9 Is it possible to come to work one hour early?
한 시간 일찍 출근할 수 있을까요?

10 Is it possible to walk to your house? 당신의 집까지 걸어갈 수 있을까요?

1

That is why + 문장

: 그래서 ~한 거예요.

회화패턴문장

1	**That's why** I'm here.	그래서 여기 온 거예요.
2	**That's why** I like you.	그래서 제가 당신을 좋아하는 거예요.
3	**That's why** you look so tired.	그래서 당신이 그렇게 피곤해 보이는 거예요.
4	**That's why** you are getting fat.	그래서 당신이 살찌는 거군요.
5	**That's why** you cried.	그래서 그렇게 울었던 거군요.
6	**That's why** we are all here.	그래서 우리 모두가 온 거예요.
7	**That's why** I wanted to earn money.	그래서 내가 돈을 벌고 싶은 거예요.
8	**That's why** he left me.	그래서 그가 나를 떠난 거예요.
9	**That's why** you don't have any friends.	그래서 당신이 친구가 없는 거군요.
10	**That's why** I called you last night.	그래서 내가 어젯밤에 전화한 거예요.

> **TIP** ▸ **That is why + 문장** : 뒤의 문장이 '결과'의 의미이다.
> - **get fat** : 살찌다
> - **earn money** : 돈을 벌다
> - **leave me** : 나를 떠나다
> - **last night** : 어젯밤

2

That is because + 문장

: 그건 ~해서 그래요.

회화패턴문장

1 **That's because** you are lazy.   그건 당신이 게을러서 그래요.

2 **That's because** you don't know me.   그건 당신이 저를 잘 몰라서 그래요.

3 **That's because** we eat a lot.   그건 우리가 많이 먹어서 그래요.

4 **That's because** we are naive.   그건 우리가 순진해서 그래요.

5 **That's because** I respect you.   그건 내가 당신을 존중해서 그래요.

6 **That's because** he made a mistake.   그건 그가 실수해서 그래요.

7 **That's because** it is difficult.   그건 어려워서 그래요.

8 **That's because** we are friends.   그건 우리가 친구이기 때문에 그래요.

9 **That's because** I simply don't understand.   그건 제가 그냥 이해가 안 돼서 그래요.

10 **That's because** you spent a lot of money.   그건 당신이 돈을 많이 써서 그래요.

> **TIP** ▶ **That is because** + 문장 : 뒤의 문장이 '원인'의 의미이다.
> - **lazy** : 게으른
> - **naive** : 순진한
> - **respect** : 존경하다, 존중하다.
> - **spend** : 돈을 쓰다, 시간을 사용하다.

3 That is exactly what + 문장

: 그게 정확히 제가 ~한 거예요.

회화패턴문장

1 That's exactly what I did. 그게 정확히 제가 했던 거예요.

2 That's exactly what I need. 그게 정확히 내가 필요한 거예요.

3 That's exactly what we are looking for. 그게 정확히 저희가 찾는 것이에요.

4 That's exactly what I was just about to say. 그게 정확히 제가 막 말하려던 거예요.

5 That's exactly what I want to know. 그게 정확히 제가 알고 싶었던 거예요.

6 That's exactly what I want to ask. 그게 정확히 제가 묻고 싶었던 거예요.

7 That's exactly what I want to do. 그게 정확히 제가 하려던 거예요.

8 That's exactly what I was thinking. 그게 정확히 제가 생각하던 거예요.

9 That's exactly what I meant. 그게 정확히 제가 의도했던 거예요.

10 That's exactly what she told me. 그게 정확히 그녀가 제게 말했던 거예요.

TIP
- exactly : 정확히, 바로
- mean - meant - meant

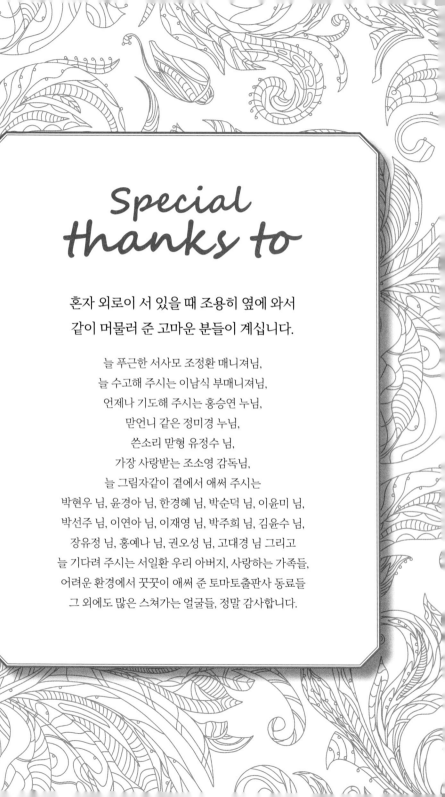

Special
thanks to

혼자 외로이 서 있을 때 조용히 옆에 와서
같이 머물러 준 고마운 분들이 계십니다.

늘 푸근한 서사모 조정환 매니져님,
늘 수고해 주시는 이남식 부매니져님,
언제나 기도해 주시는 홍승연 누님,
맏언니 같은 정미경 누님,
쓴소리 맏형 유정수 님,
가장 사랑받는 조소영 감독님,
늘 그림자같이 곁에서 애써 주시는
박현우 님, 윤경아 님, 한경혜 님, 박순덕 님, 이윤미 님,
박선주 님, 이연아 님, 이재영 님, 박주희 님, 김윤수 님,
장유정 님, 홍예나 님, 권오성 님, 고대경 님 그리고
늘 기다려 주시는 서일환 우리 아버지, 사랑하는 가족들,
어려운 환경에서 꿋꿋이 애써 준 토마토출판사 동료들
그 외에도 많은 스쳐가는 얼굴들, 정말 감사합니다.